円防衛

「失われた30年」と
その先の危機

額賀 信

時事通信社

円防衛「失われた30年」とその先の危機

—目次—

第3章

いざなみ景気――実感の乏しい回復

第4章

円安――始まった資本逃避

第5章

人口減少――問われる選択

序章

停滞は克服されたのか

◉2024年夏——株価暴落

2024年8月2日、東京株式市場で日経平均株価が急落し、終値は前日比2216円安の3万5909円になった。2216円という当日の下げ幅は、世界的に株価が暴落したブラックマンデーの翌日、すなわち1987年10月20日に記録した3836円に次ぐ大きなものだったが、本当の暴落はその後に来た。週明けの8月5日、日経平均株価は4451円安という戦後最大の下げ幅を記録し、終値は3万1458円になった。

年初からの動きを振り返ると、株価は2月22日に終値で3万9098円をつけ、1989年末の歴史的高値3万8915円を34年ぶりに更新した後、7月11日には4万2224円の史上最高値をつけていた。活況に沸いていた株式市場を暴落が襲ったのだ。新高値からの下落率は、8月5日終値時点で25%に達する大幅なものとなった。

株価下落の引き金となったのは米国景気後退の懸念だったが、日銀による追加利上げやその後の急速な円安修正が、市場参加者の動揺を誘って下落幅を大きくした。日銀は、2024年3月、マイナス金利を解除し、政策金利を0~0・1%に引き上げていた。7月31日の金融政策決定会合ではそれをさらに0・25%に引き上げた。円相場は、6月下旬から7月上旬にかけて1ドル=160円を上回る水準を続けていた。38年ぶりの円安水準だったが、利上げ後は、一挙に150円を割り込み、140円近くまで円高化した。

株価の大幅下落は、異変を知らせる市場からのシグナルだ。異変とは何だったのだろうか。株価下落幅の大きかった日を過去にさかのぼってみよう。最大下落幅を記録したのは、前記の通り1987年10月20日だが、次いで下落幅が大きかったのは、1990年4月2日の1978円、1990年2月26日の1569円、1990年8月23日の1473円と、いずれも1990年に集中している。わが国の1987年と1990年は、性格が正反対の対照的な年だったことに注目しよう。1987年の株価の暴落は一時的なものにとどまっただけではない。その後わが国経済は、戦後未曽有の株価や地価の急騰を経験した。同年は、バブルが本格化した年だったのである。一方1990年は、そのバブルが崩壊し、長い停滞を始めた年だった。長い停滞は、後に「失われた10年」と言われ、それがさらに延長されて「失われた30年」となった。

２０２４年の暑い夏、私たちが経験した株価の暴落は、かつて経験したバブル的株価上昇につながるのかもしれない。あるいは逆に、今まで見えていなかったバブルの崩壊を知らせる警鐘で、この先再び長い停滞が待ち構えているのかもしれない。あるいはそのどちらでもなくて、短期的な調整局面かもしれない。当たり前のことだが、株価の下落幅だけ見ても株価の先行きを展望できるわけではない。しかしそれでもなお、株価の暴落は何かを語りかけている。私たちは、それが何かを考えないわけにはいかない。

◉停滞は克服されたのか

24年に入ってからの株価上昇は、日本経済復活の兆しという印象を強めていた。長かった停滞は克服されたように見えていた。まさにそのさなかの株価暴落だったのだ。株価の大幅下落は日本だけの現象ではない。米国景気の後退懸念が発端となっているだけに、その影響は世界中に及んだものの、下落率は日本株が際立って大きかった。混乱に対する日本経済の弱さが図らずも表面化したのである。日本経済の停滞は克服されたのだろうか。その問題が改めて大きくなった。

これまでの停滞の原因は何だったのか。私自身わからないことが多く、私は、23年7月から時事通信社の「金融財政ビジネス」という専門家向けの雑誌に、「失われた30年」を検証する解説記事を連載した。停滞の時期を改めて掘り返す作業を続けたのだ。その10回分に追加の解説1回分を加えて一通り解説を終了した直後に、株価暴落という混乱が発生した。円相場もそれまでの歴史的な円安が一転して円高になった。連載された解説記事の中で、私は、わが国経済停滞の原因に対する理解が間違っていたのではないか、その間違いのもとで「デフレ脱却」という間違えた政策課題を設定していたのではないか、という見解を公表した。とりわけ13年4月に開始され23年3月まで10年間続いた異次元緩和については危うさを感じていたから、連載以前から折に触れ、問題点を指摘していた。

私は、24年夏の株価下落を予測していたなどと主張するつもりはない。実際株価下落は、私が漠然と感じていたよりも早く、またより大きなマグニチュードで日本経済を襲った。しかし現在のマクロ経済政策には、論理的に整合的でなく、したがって長期的に見ればどこかで破綻が表面化せざるを得ないという意味で、持続可能性に乏しい問題点が内包されている。「デフレ脱却」や「賃金・物価の好循環」という目標を続けていくことにも、同様に問題点が含まれている。24年夏の株価暴落は、米国景気の悪化懸念が引き金になっているが、わが国のマクロ経済政策に含まれる問題点が下落幅を大きくした。株価の暴落は、できるだけ避けたい事件だが、日本経済自身の抱えている問題をあぶりだす貴重な警鐘となった。それは、自由な市場の持つ重要な機能だ。

市場が混乱するとき、誰もが関心を持つのは、この先どうなるかだが、株価や円相場の先行き予測は、同様に本書の中心課題ではない。市場は絶えず変化する。新しい出来事が市場を攪乱する。先行きの不透明性は市場の避けられない属性だ。昔から「市場のことは市場に聞け」と言われている。相場の先行きを展望しようとすれば、市場を注意深く見続けることが必要だ。

◉現代史という迷宮

日本経済の停滞は克服されたのだろうか。それが私の問題意識だ。それを検証するために、私は「失われた30年」と言われる過去の再構築を試みた。失われた30年については、すでに多くの分析がなされ、たくさんの本が出版されている。しかしそれらによっては伝えきれていないあるいは軽視されている事実がある。事実の確認や事実に対する評価が曖昧なままのことも少なくない。現在起きていることの大部分は、過去からつながっている。私は、現在進行中の出来事、特に経済金融面での出来事を過去とのつながりの中で再検証したいと思ったのだ。24年夏の株価暴落はその思いを強くした。

10年間続いた異次元緩和は日本経済に何を残したのだろうか。円安はなぜ続いていたのだろうか。為替市場介入では一体誰と戦っているのだろうか。そもそも長い停滞となった根本的な原因は何だったのだろうか。そして日本経済は正しい方向に向かっているのだろうか。それらの疑問を解消しようとすれば、長い物語を語らなければならない。その物語は愉快な内容ばかりで構成されているわけではない。

日本は戦後の荒廃から高度成長を経て、世界でジャパン・アズ・ナンバーワンと言われる経済強国になったものの、失われた30年は、その輝きを失う時代でもあった。より長い目で見れば、明治以降他のアジア諸国に先駆けて近代化を推進してきたわが国だったが、その衰退が始まり、もしかするとそれが加速されているのかもしれない。それはなぜなのか。そういう疑問が本書執筆の動機となった。だから本書は、私たちが今その中で生きている現代史への手がかりを提供するべく構成されている。現代史は、多様で、複雑で巨大な迷宮だ。本書は、そのほんの一端についてのみ触れたものだが、私自身その迷宮の中でさまよいながら生きてきた。どういう時代だったのか。本書は、私たちの時代の一断面を少しでも解明したいという気持ちで執筆された。

本書のタイトルについて触れておこう。もし現状が大きく変わらなければ、日本はいずれ本格的な円防衛を余儀なくされるかもしれない。現に24年に入ってからの為替市場介入や金利引き上げは、円防衛の色合いを帯びている。国の衰退は通貨価値に表れる。本格的な円防衛は、

5年先、10年先かもしれないし、あるいは来年かもしれない。一方で円防衛を余儀なくされることを懸念しつつ、他方でそれを回避する知恵や努力が発揮されることを期待して、タイトルとしたものである。

第1章

異次元緩和――失敗と残された課題

本書の第1章では、「異次元緩和」を扱おう。異次元緩和を最初に取り上げるのは、それが、それ以前の日本経済の停滞に対する処方箋として採用され、10年の時間をかけて処方箋として適切でなかったことが判明したからである。しかも異次元緩和は、日本経済に大きな宿題を残したまま、現在でもなおわが国マクロ経済政策の基本的な骨格を構築している。日本経済停滞の背景と現在の日本経済を理解するうえで、異次元緩和の検証は不可欠なのである。私たちはまず異次元緩和を通じて日本経済の停滞に迫ることにしよう。[注1]

◉物価目標至上主義

「異次元緩和」とは、第2次安倍晋三政権下、アベノミクスと称された経済政策の主要な柱として、黒田東彦日銀総裁により2013年4月の総裁就任とともに導入され、同総裁在任中の

2期10年にわたって23年3月まで継続された金融緩和政策である。異次元緩和は、その導入に先立つ政府・日銀の共同声明（13年1月）で明示された2％の物価上昇目標の確実な達成を目指して実施する、という位置づけとなっている。当該共同声明は白川方明日銀総裁の在任中に公表されたことや、異次元緩和の具体的な施策を構成した量的緩和政策が、速水優日銀総裁時代の01年3月に導入されていたことを勘案すれば、異次元緩和とそれ以前の金融政策との間に一応の政策的連続性がないわけではないが、基本的な考え方や実際の政策運営にはきわめて重要な差異がある。そもそも「異次元」緩和と称されているのは、黒田総裁が、導入開始時の記者会見において、「これまでとは全く次元の違う金融緩和」であることを強調したことに由来する。その施策の具体的内容は当初の導入以降変動があったものの、基本的特色は一貫して維持されてきた。そこで以下に異次元緩和がそれまでの金融政策と大きく異なる特色を整理しておこう。

第1の特色は、金融政策が、もっぱら2％の物価上昇を目指す政策として運営されたことである。金融政策運営上の判断指標につき、日銀はそれまで「中長期的な物価安定の目途1％」を掲げていたが、前記共同声明では、政策判断における物価の位置づけが「目途」から「目標」に変更されたうえで、物価上昇率自体も「1％」から「2％」へ引き上げられた。異次元緩和は、その共同声明を「約束」と受け止め、2％物価の実現を目指す政策として運営された。異次元緩和は、いわゆるインフレターゲティング政策と言われる金融政策である。

日銀は、それまでインフレターゲティング政策の導入に慎重だった。その理由の一つは、積年の経験を通じて物価のコントロールが簡単ではないことを熟知していたことだ。もう一つは、物価が絶対的な目標になって政策の柔軟性が失われることへの懸念だった。同政策を導入している先進国の多くは、目標は目標として据え置きながら、その時々の経済情勢に対応して、物価目標にとらわれない政策を柔軟に実施している。一方わが国ではお国柄もあって、いったん目標が設定されると、それが絶対的なしばりとなりやすい。事実、異次元緩和は、ひたすら物価目標を追求する政策として運営された。それ以前の金融政策は、変動する諸現象や各種指標から経済の全体像を考える「総合判断」によって運営されていた。異次元緩和では、政策判断の基準が分かりやすくなった半面、物価目標達成が前面に出て、政策運営の柔軟性が失われた。伝統的な金融政策からの変化をわかりやすく表現すれば、「総合判断主義から物価目標至上主義への転換」があった、と言えるだろう。

◉積極操作主義

第2の特色は、マクロ経済や金融資産市場への働きかけにきわめて積極的なことである。ここでマクロ経済や金融資産市場への「働きかけ」について、あえて「操作」という表現を使うことにしよう。操作可能性については、どこまで操作可能か、また仮に操作可能としてもどこまで操作に踏み込むべきか、という二つの重要な問題がある。伝統的な金融政策は、経済の自由なメカニズムをできる限り尊重し、操作の範囲を広げないよう自制してきた。その背景には、中央銀行としての長い実務経験の積み重ねがある。具体的には、①経済の先行きを予測することはむずかしい、②そういう世界で巨大かつ複雑なマクロ経済や金融資産市場を思いのままに操作することはできない、③仮に短期では操作できるように見えても、長期にわたって続けると、どこかで別のひずみ（副作用）が発生する、④実勢を重視するのは市場機能を尊重するということだが、それによって政策の誤りあるいは問題点を修正し、安定的な経済運営を実現できる、という経験的判断があった。伝統的金融政策の基本は、「操作」という考え方にはなじみにくく、むしろ経済が安定する落ち着きどころを探る、と言うべき政策運営だった。

これに対し異次元緩和は、積極的な操作を重視する。理論的には、人々の期待の変化が実体経済に大きな効果をもたらすと想定されていたこと及びマネタリーベース[注2]と称される資金供給量とインフレ率（消費者物価の前年比上昇率）との直接的な関係が強調されたことが特色である。期待は変えられる、物価は上げられる、長期債を中心とする金融資産の価格は管理できる、という操作可能性の想定の下に異次元緩和は開始された。導入時の対外公表文では、「日本銀行は、消費者物価の前年比上昇率2％の『物価安定の目標』を、2年程度の期間を念頭に置いて、できるだけ早期に実現する。このため、（中略）量・質ともに次元の違う金融緩和を行う」として、達成時期まで示しているほか、「市場や経済主体の期待を抜本的に転換させる」、「予想物価上昇率を上昇させ」などと期待に働きかける姿勢が強調されている。記者会見では、それまでの金融政策が十分な効果を挙げられなかったのは、政策が小出しで徹底を欠いていたからだという判断の下、「戦力の逐次投入はせず」（黒田総裁発言）として、必要と考えられる措置を、異次元緩和導入時にすべて一挙に実施したとされた。この変化は、「実勢重視主義から積極操作主義への転換」と言えるだろう。

◉政府との一体的政策運営

第3の特色は、政府の基本経済政策との一体的運営である。異次元緩和は、アベノミクスを構成する3本の矢の第1、「大胆な金融政策」の具体的施策として開始された。また2％物価目標は、政府と日銀との共同声明によって表明され、政府の基本的な経済予測の中に組み込まれた。伝統的中央銀行は、金融政策が時の政権の便利な道具として利用され、財政規律の弛緩につながることのないよう、政府からの独立性を重視してきたが、異次元緩和は、むしろ政府の政策運営と一体化することによって物価目標の達成を目指したことに特色がある。この間任期満了により退任する日銀審議委員の後任には、物価上昇を優先するいわゆるリフレ派委員が相次いで登用され、政治任用的色彩が濃くなって、人事面からも日銀の政府に対する従属性が進んだ。この変化は、「独立性重視主義から一体的政策運営主義への転換」と言えるだろう。

当初、政策手段の中心となったのは、金融の量的緩和だ。その内容については後述しよう。量的緩和を中心とする金融政策は、リーマン・ショック以降欧米の先進国中央銀行でも導入するところとなったが、それまで主力をなしていた金利操作中心の金融政策とは異なるため、一般に非伝統的金融政策と言われている。この点では異次元緩和も同様だが、2%目標至上主義となっていること、積極操作を徹底していること、政府との一体的政策運営を進めていること、はいずれも異次元緩和の際立った特色だ。量的緩和についても、その規模が一挙に巨大になった。これらを総合的に見ると、異次元緩和は、非伝統的という以上に、伝統的金融政策からの質的転換、より正確には伝統的金融政策との断絶の上に運営された、と言えるだろう。文字通り次元の異なる金融緩和政策だったのである。

◉リーマン・ショックと政治混乱

異次元緩和は、経済停滞と政治的混乱が重なって誕生した。そこでまず、当時の経済状況を振り返っておこう。停滞の直接的な原因となったのは、リーマン・ショック（２００８年９月）とそれに続いた世界金融危機だ。リーマン・ショック後の世界金融危機は、１００年に一度と言われた米国発の経済混乱だが、欧米主要国の経済停滞は一時的なものにとどまり、その後回復基調を取り戻したのに対し、わが国はショックの震源地ではなかったにもかかわらず、深刻な落ち込みを記録し、そこからの回復も遅れ気味だった。

わが国の実質国内総生産（ＧＤＰ）は、08、09年とマイナス成長を続け、とりわけ09年にはマイナス５・７％と戦後最大のマイナス成長となった。株価も急落し、同年3月には日経平均株価が７０５４円とバブル崩壊後の最安値を記録した。賃金も下落傾向を続け、09年には90年代以降最大の落ち込みとなった。また消費者物価（除く生鮮食品）も、09年から12年まで4年連続して下落し、ＧＤＰデフレーター（名目ＧＤＰ／実質ＧＤＰ×１００）は、１９９９年以降一貫して下落を続けていた。日本経済のデフレ的体質がわが国固有の問題として強く意識され、またそれとの関連で金融政策の運営を不適切とする見解が強くなったのだ。２０１１年3月には東日本大震災が日本を襲い、人々の不安心理を急激に高めることとなった。

リーマン・ショックの前後からわが国政治の混乱が大きくなって、政治の混乱と経済の停滞が相互に増幅された。長期政権を続けていた自民党小泉純一郎首相の後を継いで、06年9月第1次安倍晋三内閣が発足したものの、07年7月参院選で自民党が大敗し、民主党が第1党となった結果、衆院は自民党、参院は民主党がそれぞれ多数派になる「ねじれ」現象が生まれた。参院選後の07年9月には、体調を崩した安倍首相に代わって福田康夫内閣が成立した。08年4月福田内閣の下で、元日銀理事だった白川方明氏が日銀総裁に任命されたが、任命までには、ねじれ国会特有の混乱があった。

日銀正副総裁人事は国会同意人事となっていて、衆参両院の同意が必要だ。政府が最初に総裁として提案した人物は、それまで日銀副総裁を務めていた武藤敏郎元財務事務次官だったが、民主党が多数派を占めていた参院で否決され、次の候補者となった田波耕治元大蔵事務次官も同じく参院で否決されたため、日銀総裁が空席になったのだ。白川氏は、先に副総裁として衆参両院から同意を得ていたが、副総裁として総裁職を代行したうえで急遽総裁候補として提案され、両院の同意を得たのである。しかしこのとき副総裁として同時に提案された渡辺博史元財務官は参院で否決されたため、本来2名が定員の副総裁ポストの一つもしばらく空席となった後、08年10月、日銀理事だった山口広秀氏が副総裁として任命された。財務省出身者はすべて参院で否決され、正副総裁のいずれにも就任しなかった。

政治的混乱はそれだけで終わらなかった。経済停滞が続く中で実施された08年8月の衆院選では民主党が圧勝し、翌9月鳩山由紀夫内閣が成立した。自民党が下野する本格的な政権交代が実現したのである。しかし民主党は、その後10年7月の参院選で敗北したため、衆院は民主党が第1党、参院は自民党など野党が多数派となり、07年参院選後とは逆のねじれ現象が発生した。11年3月の東日本大震災は、震災後の対応をめぐって民主党政権に対する国民の不満を高めることとなった。12年12月の衆院選で民主党は大敗し、同月第2次安倍内閣が成立した。自民党が3年3カ月ぶりに政権に返り咲いたが、その激しい揺り戻しの中で大きな影響を受けたのが金融政策だ。

◉高まった日銀批判

第2次安倍内閣による経済政策はアベノミクスと称されるようになったが、その基本はすでに衆院選挙中から自民党の公約として明確に姿を現していた。選挙当時は野党であった自民党の安倍総裁は、選挙公約でデフレ・円高からの脱却を最優先課題として掲げ、「明確な物価目標(2%)を設定し、大胆な金融緩和を行う」ことを主張していた。背景にある考え方は、①物価の下落が経済停滞の原因だ、②物価下落の続くデフレは貨幣的現象だ、③日本でデフレが続くのは貨幣量の供給が不十分だからだ、④インフレ目標(2%)を明示し思い切った金融緩和を実施すれば人々の期待も変わり貨幣量の増大と相まって物価上昇が実現する、というものだ。その考え方が政権復帰後の13年1月、政府・日銀の共同声明というかたちで具体的に示され、黒田東彦日銀総裁の誕生（13年4月）を経て、異次元緩和が開始された。

アベノミクスの根底にあったのは、当時白川総裁の下で運営されていた金融政策に対する強い不満だ。小出し、中途半端な金融政策の運営が、わが国経済の停滞をもたらしているという考え方だった。政府・日銀の共同声明は、選挙公約として掲げられた政策が、多くの国民の賛同を得たという結果を踏まえて作成された。ここに私たちは、民主主義と中央銀行の独立性という問題の横たわることを知るのだが、では当時の金融政策が批判の対象となったのはなぜだったのだろうか。

原因の第1として挙げられるのは、前記したようなリーマン・ショック以降の厳しい経済停滞だ。国際的には、2010年、わが国はGDPという経済規模で中国に追い抜かれ、米国に次ぐ世界第2位の経済大国という地位から滑り落ちた。多くの国民の生活不安や苛立ちが、経済停滞の犯人探しにつながり、それが日銀に向けられた面があった。

第2に、「デフレ」という言葉の多義性も、日銀批判に結びついた。「デフレ」には、①財・サービスという一般物価の下落、②株価・地価など資産価格の下落（資産デフレなど）、③物価下落と景気停滞が併存する経済状況（デフレ・スパイラルなど）、④不景気一般、といった幅広い内容が含まれる。「デフレ」という語を使う側も受け取る側も、それを自分の都合の良いように理解したから、自民党が衆院選挙中に公約として掲げた「デフレ脱却」は、多くの人々にとって景気回復を意味する望ましい政策目標と受け止められた。またデフレは貨幣的現象と主張する人々の声が大きくなるにつれ、貨幣供給の責任者として日銀が批判の対象となった。

第3に、総裁誕生時の混乱が、その後遺症として白川総裁への風当たりを強くした。前記の通り、白川総裁は当初から総裁として推薦されたわけではなく、政府案に対する民主党の反対の結果として誕生したから、自民党としては任命責任を強く感じる状況ではなかった。また自民党がその後下野していたことも、金融政策に対する批判を行いやすい背景となった。財務省は、その出身者が正副総裁の中に在籍しなかったこともあって、日銀の強力な後ろ盾とはならなかった。日銀は、政界、官界に有力な支持者を持たない孤立した存在として批判されやすい対象だったのである。

第4に、民主党政権に対する国民的不満と打開を求める期待感が、自民党を圧勝させる大きな力となって、公約実行への追い風となった。金融政策に対する不満というよりは、当時の民主党の統治・行政能力に対する不満から自民党に投票した人々は少なくなかったと考えられるものの、これらの人々も含めて大胆な金融緩和の支持者とみなされたことが、金融政策に対する大きな圧力となった。

◉量的緩和の挫折

それでは、異次元緩和はどのような推移をたどったのだろうか。異次元緩和当初の主役となったのは量的緩和政策だ。量的緩和政策とは、金融市場調節の操作目標をマネタリーベースとし、金融機関が日銀に預け入れる預金（準備預金）の規模を引き上げる戦略だ。大規模な量的緩和によって増加する貨幣量が物価全体を押し上げるうえ、日銀の強い金融緩和姿勢が期待インフレ率を高めて物価上昇を実現するという考え方だ。日銀がバランスシートの負債サイドにある当座預金残高を引き上げるためには、資産サイドに適切な資産を購入する必要がある。購入対象になった資産にはＥＴＦ（上場投資信託）などもあるが、基本は長期国債だ。量的緩和とは、単純化すれば、日銀による大規模な国債購入なのである。

当初は2年で2％の物価上昇を簡単に達成できると自信満々のスタートだったが、実際に大規模な国債購入を進めても、インフレ率は2％に達しなかった。2％目標は、当初表明していた2年では達成できず、しかもその後数度にわたって達成時期が先送りされるうちに、量的緩和の限界が見えてきた。それは、購入対象となる長期国債が払底することだ。それくらい日銀は徹底して国債を買い取ったのだ。国債がなくなれば、量的緩和は実行がむずかしくなる。それまでの貨幣量の増大そのものも巨大なものだったが、それでもインフレ率は動かない。しかも貨幣量増大の元となる国債がなくなってしまう。そういう状況を打開するために登場したのが、マイナス金利政策だ。

◉マイナス金利政策

マイナス金利政策は、民間金融機関が中央銀行に預ける準備預金の一部にマイナス金利（マイナス0・1％）を設定することにより、「金利のゼロ制約」を乗り越え、長期金利全体を引き下げることを狙ったもので、16年1月に決定された（導入は同2月）。同政策について、日銀は購入対象の量的制約から解放されるとともに、マイナス金利の深掘りにより長期、効率的に緩和を浸透させられる、として歓迎した人々も少なくなかった。確かに長期金利は押し下げられ、貸出金利の低下も実現した。しかし問題は、民間金融機関の一般個人預金には引き続き金利のゼロ制約が厳然として作用していたことである。マイナス金利の深掘りには、おのずから限界があった。

金利のゼロ制約とは、もしマイナス金利になれば預金は引き出されて現金で保有されることになる（いわゆるタンス預金になる）という意味だ。例えばマイナス1％の年金利だと、１００万円の預金は、1年後に99万円になる。元金が1万円減ってしまうのである。預金者の多くはそれを嫌って現金保有に切り替えるから、金融機関の役割は、現金を現金としてそのまま預かる巨大な貸金庫になるだろう。金融機関経営は成り立たず、マイナス金利は現実には維持できないということである。個人預金金利をマイナスにできない民間金融機関では、貸出金利の低下分だけ利ザヤが縮小し、収益が悪化する。必要な利ザヤを確保しようとすれば、一般の個人預金金利をマイナスにする必要があるが、その場合には、どこかのマイナスの時点で預金の現金リークが始まるから、財務状況が健全な金融機関でも流動性不足で破綻する。

マイナス金利政策は、民間金融機関と中央銀行との間では成り立ちうるが、一般個人預金者と民間金融機関との間では成り立たない関係を前提とした政策である。それはまた、ごく限られた関係者の間でのみ成立しうる限界的な金利を起点にした長期金利の下で形成される貸出金利を、事実上民間金融機関に強制している政策でもある。民間金融機関経営に多少の配慮をしたとしても、根本的なところで民間金融機関経営が長期には成り立たない条件を前提としている以上、時間の経過とともに民間金融機関経営がじりじりと悪化し、金融システムの安定が揺らいでくるのは避けられない。しかも民間金融機関経営の安定性が揺らいでくれば、民間金融機関の融資能力も低下して信用仲介機能が委縮する。金融政策の波及経路のうち、最も主要なものは民間金融機関の貸出行動を通じるそれだから、マイナス金利政策は、金融政策の波及経路を自ら破壊する重大な副作用にもつながっていた。

マイナス金利政策は、量的緩和の限界から導入された。それは、日銀によって「マイナス金利付き量的・質的金融緩和」と名付けられ、量的緩和も引き続き継続されていたものの、異次元緩和が主張していた「デフレは貨幣的現象、期待への働きかけで物価は上がる」という考え方が現実によって否定されたことを意味していた。しかも実際に導入されたマイナス金利政策は、民間金融機関経営を悪化させる副作用が大きかった。金融政策は民間金融機関の実務を通じて浸透する。実務を軽視した政策は理論倒れになるだけでなく、大きな副作用を生む。異次元緩和には、そうした傾向が付きまとっていた。

◉イールドカーブ・コントロール（YCC）

マイナス金利政策を経て16年9月、イールドカーブ・コントロール（YCC）が始まった。その正式名称は、「長短金利操作付き量的・質的金融緩和」である。イールドカーブとは、債券の償還期間と利回りの関係をグラフ化したもので、それをコントロールするということは、短期から長期に至る金利全般をコントロールするということである。YCCは、同年1月に決定された前記マイナス金利政策の延長上にあって、金融市場調節の主要目標が、量から金利へはっきり転換したことを示している。金利中心の金融市場調節への転換は、異次元緩和の操作対象が伝統的金融政策に戻ったことを意味するが、ＹＣＣが伝統的金融政策と異なるのは、操作目標となる金利が、短期だけでなく長期金利を含んでいることだ。以下技術的になるが、やや詳しく説明しよう。

一般に長期債という場合、その圧倒的主体は国債である。長期金利は、その長期国債の金利を示している。どの中央銀行にとっても長期金利との関わり方は難題だ。インターバンク市場で決められる短期金利と異なり、長期国債の発行・流通市場は参加者が多様で規模が巨大なため、その管理には不確実性が付きまとう。しかも中央銀行による大規模な国債購入は、国債価格を支えるための実質的財政ファイナンスとして利用される可能性が高いことから、先進各国の中央銀行は、伝統的に長期金利との関わり方には慎重だった。

日銀は、金融の量的緩和を他の中央銀行に先駆けて01年3月以降実施してきたが、異次元緩和の導入以前は、「流動性を供給するために国債を購入する、量的緩和政策の長期間実施を約束する（＝時間軸）ことで長期金利の低下を促す」と説明するとともに、買い入れ国債も残存年限の比較的短いものに限定していた。つまり国債の購入は、主として量的緩和を促進するための流動性供給の手段とされていたのであり、国債購入が直接国債価格（＝長期金利）に影響を与えるためになされていると思われないよう、用心深い説明と対応がなされていた。

しかし異次元緩和の導入に当たっては、「イールドカーブ全体の金利低下を促す観点から」

買い入れ国債の量を増やすと説明されたうえ、買い入れ対象国債も一挙に40年債を含む全ゾーンに拡大された。そこでは国債購入が、単に流動性を供給し量的緩和を促進するためだけではなく、直接長期金利に働きかけるための手段と位置づけられている。しかも買い入れ対象国債の超長期化にともなって、日銀が直接操作することとなる長期金利も全ゾーンに広がった。異次元緩和とともに始まった長期金利への積極的介入は、その後マイナス金利政策の導入を経て、ＹＣＣとなったのである。

ＹＣＣの導入に当たっては、長短両金利を操作対象としたうえで、長期金利については10年、20年金利を対象として、日本銀行が指定する利回りによる国債買い入れ（指値オペ）を実施する用意があるとされたほか、買い入れ対象国債について、それまで制限のあった平均残存期間の定めが廃止されることになり、短期金利から超長期金利に至るイールドカーブ全体を日銀が厳格に管理する姿勢が一段と明確になった。前記の通り異次元緩和では、実勢重視主義から積極操作主義への転換が見られたが、その積極操作の姿勢は、ＹＣＣの導入で一段と鮮明になった。

◉ 失敗だった異次元緩和

以上のような特色を持つ異次元緩和だが、黒田総裁在任中の２期10年間の結果について考えてみよう。

一番の問題点は、異次元緩和が成功したのかどうかである。金融政策の評価を伝統的な総合判断で行うならば、経済全体を見る必要があるだろう。しかし異次元緩和は、ひたすら2％の物価上昇（消費者物価の前年比上昇率）を目指して運営されてきたから、評価の基本的な基準も、2％の目標が達成できたかどうかによることが必要だ。2％目標は、当初表明していた2年では達成できず、その後何度も達成時期が先送りされたうえ、5年が経過した1期目では、ついに達成できなかった。注3

2％目標の実現に2年という時限性を示したことや「2年での達成に進退をかける」と国会で表明した副総裁も在任していたことを思い起こせば、当初政策責任者の間では、2％の達成など簡単だという強い思い込みがあったのだろう。黒田総裁自身、導入時の記者会見の場で、「実際に、2年程度で物価安定目標を達成できるものと思っている」と発言していた。しかしそうした当初見込みは、その後の事実によって明確に否定された。異次元緩和の目標に照らしてみれば、最初の5年間は明らかに失敗だったのである。

2期目はどうか。最初の3年間、物価状況に大きな変化は見られなかったが、コロナ禍の発生（20年）やロシアによるウクライナ侵攻（22年）が重なって世界中がインフレになると、輸入インフレというかたちながら2％を上回る物価上昇があっけなく実現してしまった。22年4月以降は、わが国でも2％以上の物価上昇が続いているが、日銀は、それでも物価上昇は定着していないと強調した。実際、実現した物価上昇は輸入インフレによるものだったのであり、異次元緩和が、自ら実行してきた金融緩和の効果は確認されなかった。日銀は、10年かけて目標達成に失敗し、それを自ら認めたのである。

なぜ失敗したのか。参考になるのは、日銀自身がYCCの導入に当たって説明した「目で見る金融緩和の『総括的な検証』と『長短金利操作付き量的・質的金融緩和』」（16年9月）だ。それによれば、物価目標未達の背景として、原油価格の下落や消費税率引き上げ後の需要の弱さなどが挙げられているほか、期待形成についても、日本の場合、「過去の物価状況が続くだろう」という予想の要素（適合的な期待形成）が強い、つまり過去の物価上昇率に引きずられやすいことが示された。

この検証は、日銀自身が、マネタリーベースと称される資金供給量とインフレ率との一義的・直接的な関係を否定するとともに、期待形成に働きかけることも簡単ではないことを認めた点で重要だ。「物価は貨幣的現象だ、日銀が思い切ってマネタリーベースを拡大すれば、期待は変わり物価は上がる」という考え方に沿って異次元緩和を続けてきた日銀自身、その考え方を否定したのである。10年の歳月が明らかにしたのは、物価は海外要因にも国内需要にも為替にも影響を受ける、単に量的緩和を徹底しても期待は変わらない、という事実だった。複雑な現実を単純な理論で割り切るのではなく、その現実と丁寧に向き合う必要があることを、異次元緩和の失敗は教えている。

人は、どんな聡明な人でも判断を間違えることがある。前記したように、異次元緩和では積極操作の姿勢が一貫して強く流れていたが、物価も長短金利も決め打ちし、人々の期待まで変えてしまおうとするのは、その判断に対する絶対的な自信がなくてはできないことだ。それは信念とも言えるが、人という複雑な存在や巨大な現実に対する畏怖の念を失うと傲慢さに転化する。異次元緩和失敗の背景には、どこかにそれがあったのではないだろうか。

◉「実験」というとらえ方

それでは異次元緩和の10年間は何だったのだろうか。その10年間を単純化すれば、金融政策の効果が限られていることを確認するための期間だったことになる。しかし、ある政策の効果がないことを確認するために10年間を使うのは、時間の使い方として生産的とは言えない。それもあってか、その10年間は、異次元緩和という歴史上未曽有の大規模実験の期間だったというとらえ方がある。結果として実験になったという面はあるし、またそのようにとらえなければ、10年の時間が全く空費されたことにもなるだろう。私自身その語を使ったことがあるが、反省を込めて言えば、「実験」をあまり強調すべきではないように思う。

それにはいくつか理由がある。まず実験する前に、もっと実証的で緻密な検証ができたはずだった。また量的緩和については、理論的にも経験的にも限界のあることが認識されていた。実験ととらえてしまうと、間違った原因究明とそれに基づく解決法へあまりにも安易に進んでしまった問題が見えなくなってしまうのだ。次に、異次元緩和のコストがどのくらいかまだわからないことだ。大きな問題は、抱え込んだ国債の処理だ。また大規模な国債購入が財政規律の弛緩を生んだ。日銀は、異次元緩和導入に当たり、「長期国債の買い入れは、金融政策目的で行うものであり、財政ファイナンスではない」としていたが、異次元緩和が実際に果たした役割は財政ファイナンスそのものだった。その帰結がわかるには、もう少し歴史の展開を待たなければならないだろう。最後に、国の将来は実験台にするのは適さないし、そうした権限を日銀は与えられていないはずだ、と思うからである。とりわけ当時の政策に関与した人々が「実験だった」と言うのは適当と思えない。

◉「空気」に流された政策決定

冷静に異次元緩和の10年を振り返れば、その根拠にしていた理論は制約の多いものだった。

リーマン・ショック当時の日銀は、すでにゼロ金利も量的緩和も実施していた。他の中央銀行はリーマン・ショックがあって、慌ててゼロ金利や量的緩和を導入したが、日銀はその面では周回以上早く経験を積み、それらの政策の効果と限界をよく知っていた。[注4] しかし、その実績に理解の乏しい多くの人々は、リーマン・ショック以降の対応が他の中央銀行よりも不十分として日本銀行を批判した。日銀の対応を批判した人々の中には、消費者物価上昇率1％と2％の違いを正確に理解していた人がいなかった。金融政策が実体経済に伝播するメカニズムについての理解も不十分だった。[注5] 日本経済の停滞に関する実証的な分析も不十分のまま、思い込みの強い主張が多かった。

異次元緩和以前の日銀に向けられた批判の多くは、実証的根拠の乏しい「空気」と呼ぶべきものだったと言えるだろう。その空気の特色は、何よりも無責任だったことだ。空気の醸成に加担したエコノミストも学者もマスコミも、責任を問われることや自ら責任を問い糺すことはなかったのである。

他方、当時の日銀が大きな課題を投げかけられたことも間違いない。この点も重要だ。問題は、現実に経済が停滞し、国民が不満を強めていて、しかも金融政策の効果が限られているときに、中央銀行としてはどのような対応がありうるのかということだった。その問いには、そもそも正解がないように思われるが、政界、財界を含めて日銀に対する批判的空気が膨らむ中では、中央銀行の独立性までが批判されることになった。異次元緩和前夜の経験は、中央銀行の独立性は法律で定められれば自動的に定着する、というものでないことを明らかにした。

金融の世界は技術的で複雑だ。日銀に対する批判には、誤解に基づくものが少なくない。日銀の歴史を振り返れば、日銀自身誤解を減らし、国民の理解を得るために努力してきた。「開かれた日銀」、「市場との対話」などという言葉は、そうした努力の一環として生まれてきたが、現在のような大衆民主主義の時代には、「市場との対話」以上に「国民との対話」が必要だ。異次元緩和前夜の経験は、国民の理解を得るために、総裁はもとよりチーム日銀としての対応力を高めなければいけないことを示している。

「空気」のことをもう少し考えてみよう。日銀批判が高まった背景については、前記した通りだが、その高まりが異次元緩和につながるには、空気の果たした役割が大きかった。わが国では、危機が迫ったときの意思決定に当たって、正確な現状分析や冷静な判断よりも、その時々の空気に流されやすい体質がある。それは、山本七平氏の『空気の研究』が示すところだが、バブル以降のいくつかの政策決定についても、わが国の空気に流されやすい体質が、それぞれ影響を与えている。こうした体質は、単に金融という一業態だけでなく、わが国統治機構の本質的な問題だ。危機は統治機構の弱いところを突いて顕在化する。民主主義がポピュリズム的傾向を強め、ＳＮＳの影響力が高まると、「空気」の支配が強まるだろう。それは、正確な状況把握や冷静な判断を不十分にして責任者不在のまま大きな惨事につながる可能性を高めるという意味で、危険な兆候だ。本書では、バブル以降いくつかの局面で「空気」の果たした役割について取り上げてみたい。

◉残された課題

23年4月、黒田総裁の2期目が終了し、植田和男新総裁が誕生した。24年3月には、「これまでの『長短金利操作付き量的・質的金融緩和』の枠組み及びマイナス金利政策は、その役割を果たした」として、異次元緩和を構成していた金融政策の枠組みの一部が見直された。同年7月には、政策金利が0・25％程度まで引き上げられるとともに、長期国債買い入れの減額計画が決定された。少しずつ異次元緩和の修正が進んでいるが、残された課題も少なくない。以下では、残された課題について触れておこう。

第1は、日本経済停滞の原因は何か、という根本的な問題である。異次元緩和は、「金融緩和の不徹底が物価下落の原因だ、物価下落が停滞をもたらしている」という問題意識のもとに、文字通り世界史上未曽有の徹底的な緩和を実施した。10年を経てわかったことは、物価下落の犯人は不徹底な金融政策ではなかったことだ。それは異次元緩和が明らかにした多分一番重要な事実だが、それでは物価下落と停滞の本当の原因は何なのだろうか。それはまさに本書のテーマでもあるから、第2章以下で明らかにしていこう。

第2は、2%という物価目標の取り扱いだ。2%という物価目標は、新体制の下で現在も維持されている。異次元緩和の下で物価についてわかったことは二つある。一つは、物価のコントロールは簡単ではない、とりわけそれを上げるのはむずかしいことだ。もう一つは、物価上昇率1%と2%の間には大きな差異があることだ。だから問題は、インフレターゲティング政策が適切かということと、2%という目標が適切かという二つのことになる。よく言われるが、経済は生き物だ。時々刻々と状況は変化する。1%が良いか、2%が良いかも状況に応じて変わるはずだ。2%目標は不易の目標ではない。そして何%が良いかは、絶えず検証されることが必要だ。本書では、2%目標が適切かどうか、もう少し総合的に考え、終章で改めて論じることとしよう。

第3は、為替相場との関係だ。これまでの記述では為替相場を取り上げなかったが、異次元緩和の期間、円高が修正されて円安が定着した。異次元緩和以前の金融政策に対する不満の一部は、それが円高をもたらしていると考えられたことに由来していた。事実、12年12月の衆院選挙当時、野党であった自民党の安倍総裁は、選挙公約で円高からの脱却を最優先課題の一つとして掲げていた。為替相場を政策的に誘導することは、現在の国際政治経済の根底にある合意に反することになって、国際的な非難を招く。異次元緩和期間中、日銀は、国内停滞打破のための大規模緩和である（円安誘導を目的としていない）と説明していたが、その裏では円安が進行した。異次元緩和は、少なくとも結果的には円安放任政策だったのである。しかし何事にも行き過ぎが発生する。相場決定要因として内外金利差が注目されるようになって、24年入り後、円安は危険な水準まで近づいた。金融政策と円相場との関係をどう考えたらよいか、これも残された課題だが、第2の課題と密接に関係するから、第4章及び終章で取り上げよう。

第4は、国債の取り扱いだ。日銀が異次元緩和で国債購入を続けた結果、2013年3月末91兆円だった保有長期国債が、23年3月末には576兆円まで著増した。2期10年で6・3倍になるまで増えたのだ。24年7月に、日銀は、長期国債買い入れの減額計画を決定したが、日銀による国債購入はなお続く。中央銀行の独立性の問題は、結局のところ国債処理の問題に収斂する。日銀が国債を買い進めれば、安易な国債発行を助長することになって国の財政が悪化する。財政規律維持のためにも、安易な国債発行の手助けをすべきではないという考え方が日銀の独立性を支える核心だ。財政法第5条は日銀による国債引き受けを禁止しているが、同じ考え方のもとに日銀の独立性が付与されている。[注6]この問題は、より基本的には財政の在り方をめぐる問題だが、日銀にとって具体的な問題となるのは、長期金利の安定だ。2％の物価上昇という政策目標と長期金利の安定とは本来整合的ではない。この10年間イールドカーブ全体を低金利に維持するよう操作が可能だったのは、長期国債を大量に買い続けるという日銀の強い姿勢が市場に浸透していた面もあるが、同時に人々の期待インフレ率が低位安定的に推移したことが大きかった。人々の期待インフレ率が高まった場合でもこれまで同様混乱なく操作できるかは、なお未知数だ。

第5は、共同声明の取り扱いだ。共同声明が果たした歴史的役割は、もっぱら異次元緩和を推進することだった。[注7] その基本となる考え方が間違っていたことが明らかになった以上、廃止するのが自然の対応だ、と私は思う。中央銀行の独立性は、不人気を乗り越えて将来の危機に備えるために付与されている。将来の危機に対応できるのは、ひとり政策当局だけであり、将来発生しうる危機への対応こそが、政策当局の本質的な責任である。そう考えると、残された課題に柔軟に対応するためにも、共同声明は廃止すべきものである。

注1　私は、「異次元緩和2期目の課題」という題で、『生存科学』2018年9月号（公益財団法人 生存科学研究所）に寄稿した。本稿ではこの一部を利用している。

注2　マネタリーベースとは、日銀バランスシートの負債サイドにある銀行券（発行済み銀行券）と準備預金（市中金融機関からの預り金）の合計である。規模や操作可能性の点で準備預金のウェイトが圧倒的に高い。ベースマネーともハイパワードマネーとも言われる。

注3　消費者物価指数は消費税分を含めた販売価格を用いて作成されているため、政策の効果

を判定するためには、消費税率の引き上げ（２０１４年４月５→８％、19年10月８→10％）にともなう物価の上昇分を差し引いて考えなければいけない。本稿でもそのように対応している。

注４　私は（株）ちばぎん総合研究所の社長時代、元日銀副総裁の山口泰氏に講演を依頼した。講演は３回にわたり、講演の内容はそれぞれ、
①『量的緩和政策の効果と問題点』２００５年９月28日
②『量的緩和解除後の金融政策』２００６年３月29日
③『日本経済の課題と金融政策』２００７年４月18日
として小冊子にまとめられた。本節の議論は、このうちの①に依拠しているが、いずれの講演録にも深い省察があり、今読み返しても有益な示唆に富んでいる。本書執筆に当たっても、教えられたことがまことに多い。もっとも本書の意見やありうべき誤りは、すべて私の責任である。

注５　横山昭雄『真説経済・金融の仕組み』（日本評論社、２０１５年）は、通貨供給と金融政策浸透の実務的メカニズムを正確に説明している。信頼できる良書である。

注６　日銀が国債を直接引き受ければ、国債の増発が市場金利に反映されず、国債発行が容易になる。財政法第５条が市場を通さない日銀の国債直接引き受けを原則として禁止しているのはこのためだが、日銀がＹＣＣで金利を厳格にコントロールしながら国債を購入するのは、実質的に日銀による国債の直接引き受けと同じ効果を生んでいることに注目する必要がある。

注７　２０１３年１月の政府・日銀共同声明には、政府の役割として「政府は、日本銀行との連携強化に当たり、財政運営に対する信認を確保する観点から、持続可能な財政構造を確

立するための取組を着実に推進する」と書き込まれている。異次元緩和期間中、2度にわたって消費税率が引き上げられた（5→8%、8→10%）が、消費税率の引き上げそのものは、12年民主党野田佳彦内閣時代に決定されていたものであり、異次元緩和を導入した安倍内閣では、消費税率10%への引き上げを2度にわたって延期している。共同声明が政府の対応の行動指針として機能したことはほとんどなかったと言えるだろう。

第2章

中国台頭──グローバル化と輸入デフレ

2024年5月にイタリア・ストレーザで開催された主要7カ国（G7）財務大臣・中央銀行総裁会議の共同声明で、「過剰生産能力」（overcapacity）に対する懸念が表明された。中国によるデフレ輸出という表現はないが、それが懸念の中心課題であることは、会議出席者の発言などで明らかだった。デフレ輸出が国際的関心を集めた発端は、中国による低価格電気自動車の輸出だが、その他にも太陽光パネル、鉄鋼などの国際価格低下が問題となっている。中国のデフレ輸出に悩んでいるのは先進国だけではない。タイなどでも、鉄鋼・化学品から繊維製品まで、安価な中国製品に苦しんでいる。しかし、中国によるデフレ輸出の影響を最も強く受けてきたのは、実はわが国だ。日本では、デフレ的停滞が金融緩和の不徹底によるものだという認識が強かったが、それが誤りであったことは第1章で説明した。中国のデフレ輸出に焦点を合わせれば、異なる経済世界が表れる。本章では、わが国の対外取引をたどることによって、わが国経済停滞の原因に迫ることとしよう。

◉輸出入取引の増大

20世紀末以降、世界では急速にグローバル化とデジタル化が進展した。グローバル化とは、ヒト、モノ、カネ、情報が日常的かつ大規模に国境を越えて移動することだ。またデジタル化とは、情報通信技術の急速な発展とその普及だが、インターネットやデジタル・コミュニケーション・ツールの世界的普及により、国境を越える取引もまた急速に拡大した。グローバル化とデジタル化は、相互に影響を及ぼし合って世界経済の構造を大きく変えた。わが国もまた、世界経済の大きなうねりに否応なく巻き込まれたものの、これまでのところその勝ち組になれない状況が続いてきた。日本にとってグローバル化とは何だったのだろうか。それを今振り返ると、世界におけるモノづくりの中心が日本から中国に移行したことを意味していた。しかも中国からわが国に低価格工業製品が大量に流入して、わが国物価に強い低下圧力を加え続け、わが国経済が苦しんだデフレ的停滞の基層を構成した。

図表2－1は、2015年基準の国民経済計算で遡及できる1994年から2023年までの輸出、輸入それぞれのGDP（いずれも実質）に占める比率の推移を示したものだ。01年には米国のITバブル崩壊、09年にはリーマン・ショック後の世界金融危機、20年にはコロナ禍により、それぞれ一時的に対外取引が落ち込んだものの、わが国では輸出、輸入とも対GDP比

図表2-1　対外取引のGDPシェア

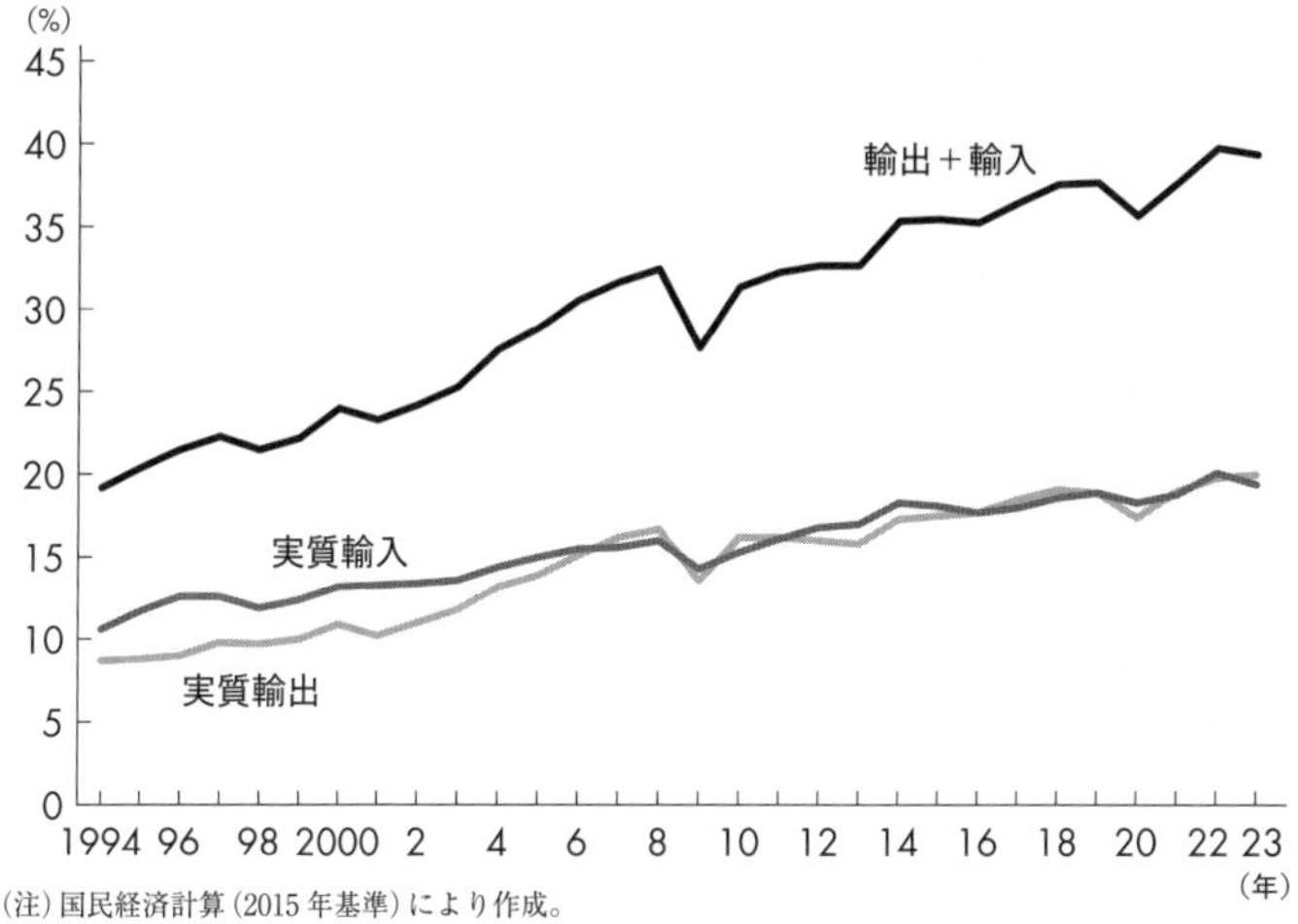

（注）国民経済計算（2015年基準）により作成。

率が趨勢的に上昇してきた。GDPに占める輸出比率は、1994年には8・6％とわずか1割以下だったが、2023年には19・9％と2倍以上に上昇している。また同じ期間に輸入比率は、10・5％から19・3％までほぼ2倍近く上昇した。時期的には、輸出、輸入とも02年以降08年まで急速に増大し、対外取引の規模を一気に高めることになった。

対外取引による国内成長への寄与を見るためには、国外生産となる輸入を輸出から控除した純輸出の動きに注目することが必要だが、一国経済に対する対外取引全体の影響を見るためには、輸出と輸入を足し合わせた合計額の対GDP比率が目安になる。ここでは、同比率を対外取引比率と呼ぼう。対外取引比率は、1994年には19・1％と2割を下回っていたものの、2023年には39・3％と倍増した。図表では示さなかった名目ベースで見れば、対外取引比率の上昇はより顕著だ。1994年には15・8％に過ぎなかった名目ベース同比率は、2023年には45・0％とGDPのほぼ半分にまで迫っている。それだけわが国経済に対する対外取引の影響力は大きくなった。対外取引比率の上昇は、わが国もまたグローバル化の波に激しく洗われたことを示している。

わが国では、1990年代後半以降成長率が鈍化し、特に名目ではほとんど成長の見られない時期が長く続いたため、停滞のイメージが強いが、GDPの中身を見ると、対外取引比率の急速な上昇に示されるように経済構造の劇的な変化が生じている。では対外取引の増大は、どのような相手先と産業部門で発生し、日本経済にどのような影響を及ぼしたのか、以下ではそれを検証しよう。

◉ 対外取引のアジアシフト

対外取引増加の内容を相手先別に見ると、輸出入両面にわたって対中国取引の増加が顕著だ。まずは輸出先から確認しよう。**図表2−2**は、財務省貿易統計によって、わが国からの主要な輸出先である米国、EU、中国、韓国、ASEAN向け輸出の動きを示したものだが、バブル

図表2-2 国・地域別輸出額の推移

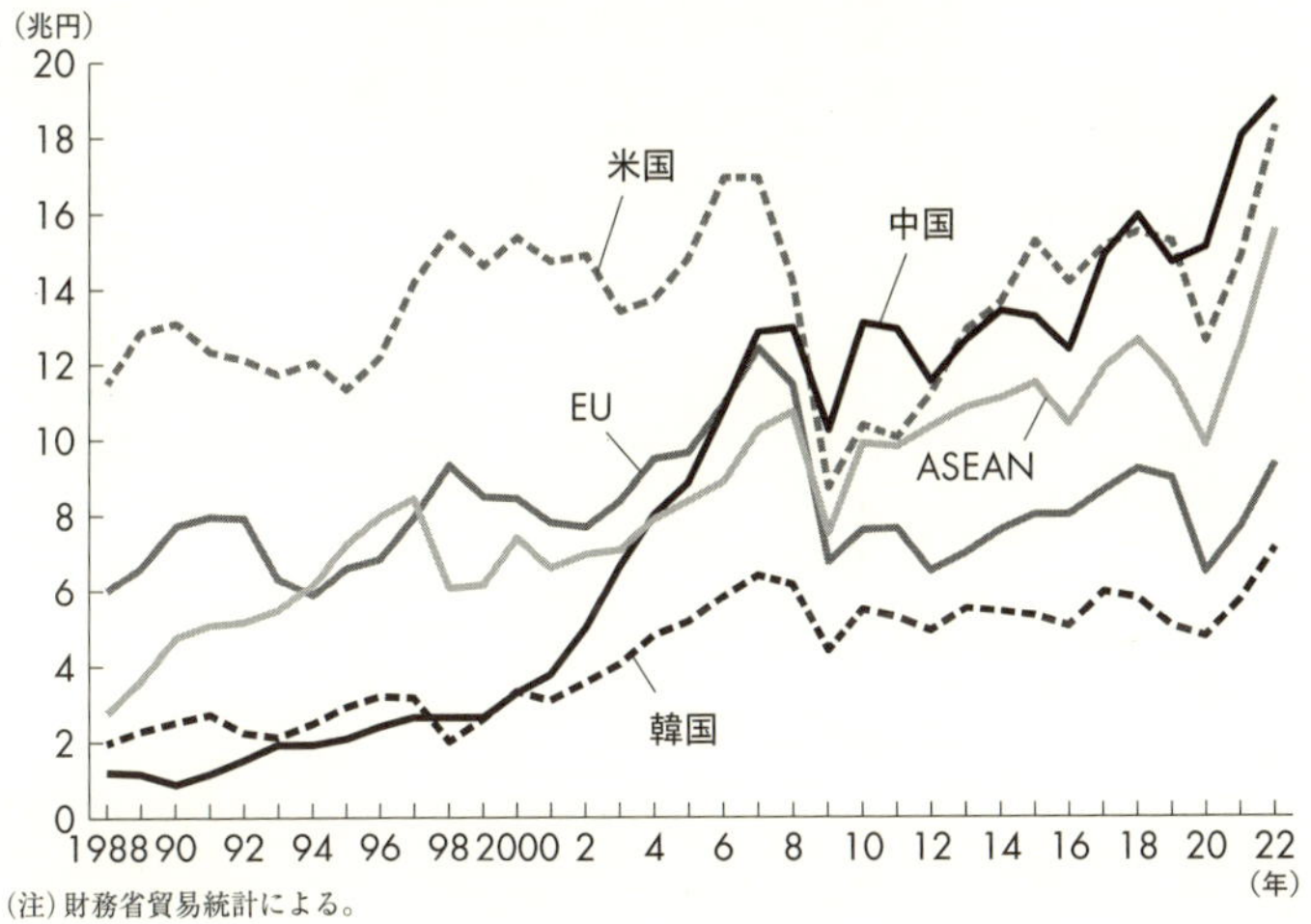

（注）財務省貿易統計による。

の時代1988年では、わが国の輸出総額33・9兆円のうち、米国（11・5兆円、シェア33・8％、以下同）一国で輸出総額の3分の1、これにEU（6・0兆円、17・7％）を加えると全体の5割以上を占めていた。中国向けは、ASEAN（2・7兆円、8・1％）、韓国（2・0兆円、5・8％）にも及ばないわずか1・2兆円で、輸出総額に占めるシェアも3・6％と微々たるものだったものの、その後の急成長により、98年に韓国、2004年にASEAN、07年にEU、09年に米国をそれぞれ上回って首位に立った。時期的には、1990年代末から2000年代最初の10年間にかけての急増が顕著だ。その後米国との間で輸出先第1位が入れ替わることはあったが、20年以降は中国が第1位を維持している。

22年には、中国が19・0兆円、シェア19・4%と、かつての米国ほどのシェアではないものの、わが国にとって最大の輸出先となっている。また同じ時期、ASEAN向けもじりじりと水準を上げてきた。09年以降はEUを上回り、中国、米国に次ぐ主要な輸出先として存在感を高めている。

この間、EUへの輸出額は、07年にピークをつけた後は低迷を続け、これまでのところそのピークを上回れない状況が続いている。米国向けについても、06年に記録したピークをなかなか上回れなかったが、22年に至り、16年ぶりに更新した。2000年以降は、輸出先として欧米向けが伸び悩む一方、中国、ASEANを中心とするアジア向けが大きく伸びたことが特色だ。

一方輸入先でも中国、ASEANの比率が大きく上昇している。前記5国・地域からの輸入額推移を見ると（**図表2―3**）、1988年最下位の輸入先だった中国は、輸出よりも早いピッチで韓国（90年）、EU（99年）、ASEAN（01年）、米国（02年）を次々上回って輸入先トップに立ち（カッコ内はその時期）、その後は他の4国・地域との差を拡大してきた。わが国輸入の総額は原油価格を中心とする原燃料価格に大きく左右されるため、これら5国・地域の輸入総額に占めるシェアは、原燃料価格の影響を受けて変動しやすいが、中国の場合、04年以降は08年を除いて20%以上を維持してきた。そのシェアは1980年代後半から90年代後半にかけての米

図表2-3 国・地域別輸入額の推移

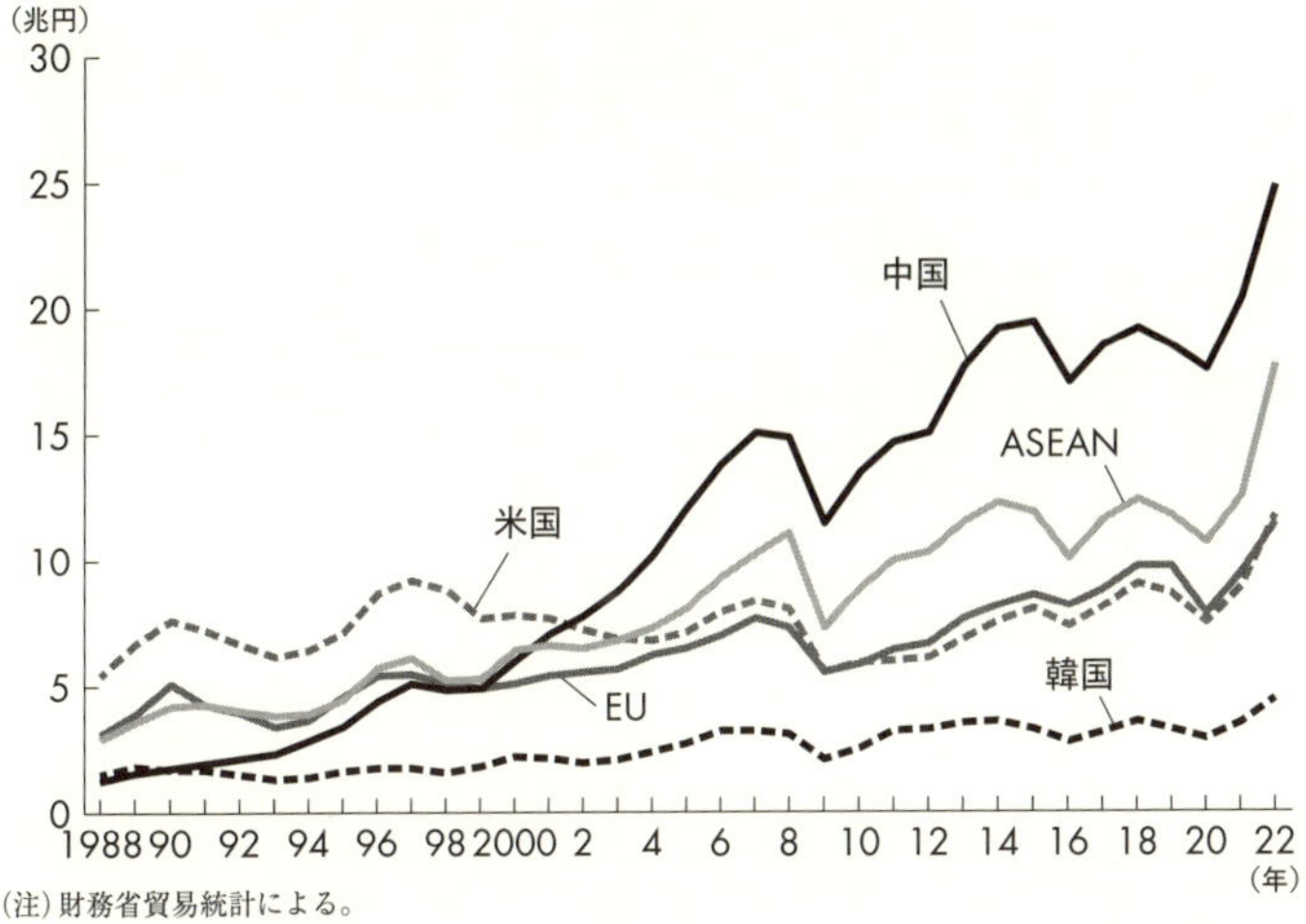

(注)財務省貿易統計による。

国のシェアに並んでいる。

またASEANは、92年にEU、04年に米国をそれぞれ上回って以降、中国に次ぐ輸入先として定着している。輸入総額に占めるASEANのシェアは、90年代後半以降現在まで14～16%を安定的に維持しているから、中国が輸入先としてシェア20%を上回った04年以降は、中国とASEAN両者の合計シェアは35～40%程度を維持している。わが国では、原燃料以外の輸入先としては、輸出先以上に早期かつ急ピッチで、中国、ASEANを中心とするアジアシフトが進んできたと言えるだろう。

◉黎明期の対中国取引

以上の説明で示した通り、わが国の対外取引の推移を振り返ると、中国との取引増大が顕著で、それがわが国対外取引の大きな構造変化をもたらした。中国は、今や日本にとって輸出入両面で最大の取引先なのである。そこで対中国取引に絞って、時期的な特色や取引品目を探ってみよう。時期としては、わが国でバブルが膨れだした1988年を始期として、日本経済の大きな転換点となった95年までを第1期、その後金融システムの激しい混乱を経て長期のストック調整がようやく収束に向かった2002年までを第2期、いざなみ景気が続いた08年までを第3期、その後現在までを第4期としよう。それぞれの時期区分は日本の国内経済状況を目安としているが、それが同時に、中国経済の段階的発展を反映していることに注目してほしい。あらかじめ時期別の特色を要約すると、第1期は黎明期、第2期は発展期、第3期は競合期、第4期は転換期と言えるだろう。取引品目を財務省貿易統計の分類に従って時期別にまとめたものが**図表2－4**である。

第1期は、対中国取引のいわば黎明期だが、この時期目立つのは中国からの輸入の増大だ。88年に1・3兆円に過ぎなかった中国からの輸入は、年率15・1%ときわめて高い伸びを続け、95年までのわずか7年で3・4兆円と2・7倍になった。輸入の主力となったのは、当初はシ

図表2-4　対中国輸出入の品目別推移

輸出	品目名	総額	食料品	原料品	鉱物性燃料	化学製品	原料別製品	一般機械	電気機器	輸送用機器	その他
1988年	金額10億円	1,213.9	3.2	34.4	1.2	120.6	429.1	225.0	276.1	67.2	57.1
	シェア%		0.3	2.8	0.1	9.9	35.3	18.5	22.7	5.5	4.7
88~95年	伸び年率%	7.9	15.5	7.8	56.3	6.9	2.9	14.3	7.3	3.8	13.7
1995年	金額10億円	2,062.0	8.8	58.2	27.9	192.1	522.5	572.6	452.0	87.3	140.4
	シェア%		0.4	2.8	1.4	9.3	25.3	27.8	21.9	4.2	6.8
95~02年	伸び年率%	13.4	12.7	14.0	4.7	18.3	9.2	8.9	16.7	19.3	20.1
2002年	金額10億円	4,979.8	20.4	145.8	38.5	621.7	970.3	1,041.4	1,334.9	301.2	505.5
	シェア%		0.4	2.9	0.8	12.5	19.5	20.9	26.8	6.0	10.2
02~08年	伸び年率%	17.3	8.9	20.6	52.4	17.4	13.5	15.1	16.3	21.2	21.1
2008年	金額10億円	12,949.9	34.1	449.2	481.8	1,630.9	2,079.3	2,426.9	3,304.0	952.9	1,590.7
	シェア%		0.3	3.5	3.7	12.6	16.1	18.7	25.5	7.4	12.3
08~22年	伸び年率%	2.8	14.9	0.4	▲6.6	5.2	0.8	3.7	1.9	3.9	3.3
2022年	金額10億円	19,003.7	237.6	475.5	185.9	3,306.2	2,319.9	4,059.7	4,287.6	1,635.3	2,496.0
	シェア%		1.3	2.5	1.0	17.4	12.2	21.4	22.6	8.6	13.1

輸入	品目名	総額	食料品	原料品	鉱物性燃料	化学製品	原料別製品	一般機械	電気機器	輸送用機器	その他
1988年	金額10億円	1,264.2	228.1	169.2	271.3	79.2	239.6	3.9	12.4	0.2	260.3
	シェア%		18.0	13.4	21.5	6.3	18.9	0.3	1.0	0.0	20.6
88~95年	伸び年率%	15.1	9.9	▲3.9	▲4.5	6.6	11.1	56.4	58.3	93.3	29.2
1995年	金額10億円	3,380.9	440.8	128.1	196.8	124.3	502.0	89.2	309.8	22.0	1,567.9
	シェア%		13.0	3.8	5.8	3.7	14.8	2.6	9.2	0.6	46.4
95~02年	伸び年率%	12.5	7.6	2.9	3.6	8.5	7.5	39.6	23.1	25.0	10.6
2002年	金額10億円	7,727.8	734.8	156.5	252.2	220.6	830.9	921.8	1,325.4	105.0	3,180.6
	シェア%		9.5	2.0	3.3	2.9	10.8	11.9	17.2	1.4	41.2
02~08年	伸び年率%	11.5	▲0.5	5.0	9.2	26.1	15.0	17.9	15.1	18.8	7.2
2008年	金額10億円	14,830.4	712.4	210.0	426.7	886.2	1,917.0	2,478.7	3,084.5	294.9	4,820.0
	シェア%		4.8	1.4	2.9	6.0	12.9	16.7	20.8	2.0	32.5
08~22年	伸び年率%	3.8	3.3	1.3	▲5.6	6.9	3.4	4.1	6.5	6.3	1.0
2022年	金額10億円	24,849.7	1,123.2	251.8	191.5	2,255.1	3,079.3	4,322.5	7,402.2	695.9	5,528.3
	シェア%		4.5	1.0	0.8	9.1	12.4	17.4	29.8	2.8	22.2

(注1) 財務省貿易統計による。
(注2) シェア％は、当該年次のシェア％。伸び年率％は、当該年次から次の年次までの伸び年率％。

エアの高かった食料品、原料品（原材料、木材、非鉄金属鉱等）、鉱物性燃料（原油、石油製品等）、原料別製品（鉄鋼、非鉄金属等）だったが、急速な伸びをもたらしたのは、一般機械、電気機器、輸送用機器、その他雑貨類などの工業製品だ。

一方わが国からの輸出は、原料別製品、一般機械、電気機器などが主力となっているが、輸出の伸びは、年率7・9％と輸入の伸びのほぼ半分だ。この時期中国の国内所得のレベルはまだ低い。日本の電気機器や輸送用機器のうちの耐久消費財を購入するだけの十分な余裕は生まれていなかったから、わが国からの輸出の伸びは輸入と比べ相対的に低かった。対中国取引は、日本にとって主に食料品、素原材料品の確保先として始まったのである。

しかしそうした中にあっても見逃せない変化が発生している。それは、当初輸入の主力をなしていた原料品や鉱物性燃料の輸入は純減している一方、小規模とはいえ一般機械、電気機器、その他雑貨等の工業製品の輸入が急増していることだ。中国ではこの時期、急速な工業化が進展し、素原材料等の国内消費が急増した結果、中国自身の輸出余力が乏しくなって、原料品、鉱物性燃料の対日輸出が純減し、代わって工業化の進展で大量生産されるようになった工業製品の日本向け輸出が急速に伸び始めたのである。この時期は、日本にとって対中国取引の黎明期だが、同時に中国にとっては本格的工業化の黎明期でもあった。

◉中国からの輸入が急増した発展期

第2期は、1990年代後半から2000年代初頭にかけての時期だ。この時期の対中国輸出は年率13・4%、輸入は同12・5%とそれぞれ大きく伸びた。いわば対中国取引の発展期だが、他の国・地域との比較で目立つのは中国からの輸入の伸びだ。中国は1999年にEU、2001年にASEAN、02年に米国をそれぞれ一気に抜き去って、わが国最大の輸入先に躍進した。輸入品として著増したのは、一般機械、電気機器、輸送用機器、その他雑貨等工業製品で、この時期以降輸入の主体は、素原材料から工業製品に大きく転換した。一方わが国からの中国向け輸出で伸びたのは化学製品、電気機器、輸送用機器、その他雑貨だから、日中両国の取引品目が相互に重なってきていることがわかる。

この時期の貿易構造は、それ以前と比べてはるかに複雑化した。資本の国際移動が飛躍的に増加したからである。資本移動には、金融資本市場を中心とした証券投資と、工場の海外移転、海外子会社の設立・買収といった実物投資があって、後者は対外直接投資と言われている。この時期国際的に盛んになったのは後者である。その中心地となったのが中国であり、国外工場・子会社の管理・運営を容易にしたのがデジタル化による情報通信技術の急速な発展だ。

わが国は、1980年代後半から技術協力というかたちで中国での生産を開始していたが、

90年代後半以降は、世界の直接投資が中国に集中し、中国の生産拠点を中心とした国際的なサプライチェーンが構築されるようになった。わが国の中国向け直接投資も93年から97年にかけて急増している。注1 多くの多国籍企業が中国を経由して製品を製造・輸出するようになったが、こうした過程で中国企業自身も技術を急速に進歩させ、世界の輸出市場でシェアを拡大するようになった。90年代後半以降、グローバル化とデジタル化が本格的に動き始めたが、モノづくりのグローバル化の中心にあって急速な発展を遂げたのが中国だったのである。

◉ 競合期といざなみ景気

第3期は、2002年から08年までとしよう。わが国では、いざなみ景気の時期と重なっている。いざなみ景気については次章で説明するが、この時期わが国からの中国向け輸出は年率17・3%という高い伸びを記録して、いざなみ景気のけん引力となった。中国は、すでに02年でわが国最大の輸入先に躍進していたが、わが国からの輸出先としては、やや遅れてこの時期からシェア増大が目立つようになった。04年にASEAN、07年にEUをそれぞれ追い抜き、08年には米国に迫っている（09年に米国を追い抜き輸出面でも最大取引先になった）。一方中国からの輸入は同11・5%とそれ以前と比べれば伸びがやや鈍化したものの、それでも年10%を上回る高い伸びを続け、わが国にとって輸入先トップの地位を固めた。中国への輸出品目は、化学製品、原料別製品、一般機械、電気機器、その他雑貨類が中心となった一方、中国からの輸入品も化学製品、原料別製品、一般機械、電気機器、その他雑貨類が中心で、日中両国の輸出入品目がほとんど重なるようになった。日中は相互に依存関係を深めながら、しかし同時に同じ市場で激しく競合する関係になった。対中国取引は、黎明期、発展期を経て、競合の時期に入ったのである。

わが国にとって中国からの輸入は、中国にとっての対日輸出である。中国による対日輸出の増加は、同時に世界の輸出市場における中国のシェア増大を反映している。第2期の1990年代後半から2000年代初頭にかけて、わが国では中国からの輸入がきわめて短期間で最大シェアを占めるまで急激に成長したが、それと同様に、他の多くの国々でも中国からの輸入が大きく伸びた。中国は、日本の輸入市場で02年という早い時期に最大シェアを獲得したから、日本市場で足場を固めつつ、欧米でもシェアを広げていったと考えられる。その主要品目は、一般機械、電気機器、その他雑貨等で、日本がそれまで得意としていた分野の製品だったから、日中両国は、1990年代後半以降、単に日本、中国それぞれの市場だけでなく、世界市場でも競合するようになった。その競合は、いざなみ景気の時期には一段と激しくなった。

◉ 世界の工場の中国シフト

いざなみ景気の期間、確かにわが国の輸出総額は伸びたものの、米国向けは2006年がピークとなって、その後22年までピークを更新できず、またEU向けは07年がピークでいまだにそのピークを越えられないのは、日本からの欧米向け直接輸出が減って、中国を経由した迂回輸出が増大したこともあるが、中国自身が技術力を高め、日本に代わってそれぞれの地でシェアを増大させていったことが大きく響いている。

02〜08年の輸出入物価の動きを見ると（**図表2―5**）、わが国からの輸出物価は下落し、それは特に電気・電子機器に顕著だった。一方輸入物価を見ると、原油価格の上昇で総平均は上昇しているものの、電気・電子機器は大幅に下落した。わが国は、世界市場でもまた国内市場でも、電気・電子機器を中心に韓国製や中国製の低価格商品に直面し、価格を下げながら量の増大を図らざるを得ない状況に追い込まれていたのである。量の増大は実現したものの、それがかつての高度成長期のような力強い成長のエンジンとならなかったのは、当然と言うべきだろう。わが国は、韓国や中国という強力な競争相手の登場により、価格の大幅引き下げを余儀なくされていた。それまでわが国の主要な輸出先でありまた日本製商品の独壇場でもあった欧米では、それらの国々にシェアを奪われていた。日本のシェアを奪ったのは、韓国企業が先行し

図表2-5　輸出入物価の推移（2002年～08年の変化率）　単位：変化率%

		輸出	輸入
輸出入物価指数類別データ	総平均	▲4.6	55.3
	繊維品	4.3	1.3
	化学製品	37.9	44.6
	金属・同製品	96.4	150.1
	はん用・生産用・業務用機器	▲4.3	8.1
	電気・電子機器	▲36.4	▲33.6
	輸送用機器	▲2.6	0.3
	その他産品・製品	3.2	12.2
輸入物価指数類別データ	飲食料品・食料用農水産物	—	51.3
	木材・木製品・林産物	—	25.9
	石油・石炭・天然ガス	—	202.9

(注1) 日銀調べ。円建暦年平均、2015年基準。
(注2) 輸出入物価指数のうち飲食料品・食料用農水産物、木材・木製品・林産物、石油・石炭・天然ガスは輸出物価がない。

ていたが、その後に登場した中国が、産業部門の広さ、規模で、圧倒的な影響力を発揮したのである。いざなみ景気は、戦後最長の景気拡大期間を記録したにもかかわらず、「回復実感が乏しい」ことが特色だった。その主因は、国内市場でも海外市場でも、韓国や中国による厳しい挑戦を受けて輸出価格が低迷していたことにあった。

世界経済のグローバル化にはいろいろな側面があるが、モノづくりに注目すれば、それは中国を中心としたサプライチェーンの構築であり、さらに換言すれば、世界の生産工場の日本から中国へのシフトだった。それによって、世界はより安価な工業生産物を享受した。04年から07年にかけて、世界経済は高い成長率と物価安定の両立というういわゆる「大いなる安定」を実現した。それをけん引したのは、後にそれが住宅バブルの反映だったと判明した米国だったが、それを低価格の工業製品で支えたのが中国だった。一方世界の工場としての地位から陥落した日本は、長い停滞を経験することになった。しかしもう少し長い目で見れば、中国成長の余波を受けたのは日本だけではなかった。モノ作りが中国に大きくシフトすることで、欧米主要国に残されていた製造業部門にも空洞化が広がった。中間層の没落、分断というその後の世界を大きく揺るがす現象は、中国がサプライチェーンの中心となって、巨大な生産力を発揮したことに端を発していたのである。

◉転換期を迎えた対中国取引

第4期は、09年以降現在までだが、世界金融危機、コロナ禍などが発生し、一時対外取引が縮小したこともあって、この間の中国向け輸出の伸びは年率2・8%、同国からの輸入の伸びは同3・8%と大きく鈍化した。もっとも輸出入取引の規模そのものが大きく膨らんでいるから、絶対額で見れば、増加額は輸出入とも大きな金額となった。22年の対外取引状況を見ると、中国は、日本にとって最大の輸出先であると同時に最大の輸入先でもあり、対外取引先としての中国の重要性が格段に高まった。この間中国は、輸出の増加を成長のエンジンとして高度成長を実現し、2010年、GDPでわが国を上回って世界第2位になり、その後も高い成長を続けた。一方わが国経済は停滞を続けたから、21年には、中国のGDPがわが国の3・6倍となるなど両国の経済規模格差は広がった。注2

しかしこの時期は、それまで拡大一辺倒だった中国中心のグローバル化に問題が発生した時期でもあった。20年、コロナ禍の発生時には、世界で物流が途切れ、サプライチェーンの見直し機運が高まった。また22年、ロシアによるウクライナ侵攻が始まってからは、米国を中心とする先進自由主義諸国で経済の安全保障に対する配慮が急速に高まった。この時期は、日本にとっても対中国取引が成熟する一方、転機を迎えた時期と言えるだろう。中国の経済自身、高齢化の進展や不動産価格の低迷で、成長に陰りが出始めている。今後中国経済がどのような展開を示すか、また世界が対中国取引にどう対応するか注目されるが、わが国でも、国としてまた個別企業として、中国への対応が重要課題になった。

◉100円ショップと賃金・物価の低下

以上に見たような中国の台頭は、わが国の物価にも重大な影響を与えた。わが国の消費者物価（除く生鮮食品）は、2000年から05年まで6年連続で低下し、その後も消費税率引き上げによる影響を控除した実勢で21年までゼロ近傍で推移したが、この物価下落の背景にも、景気悪化と並んで中国の影響を指摘できるだろう。物価への影響を検証するうえでは、賃金への影響を考えることが必要だ。わが国賃金は1998年以降下落を始め、その後一時的に回復したことはあったが、2013年まで下落傾向を続けた。賃金の下落は、平成金融恐慌後の深刻な景気悪化が契機になって始まったが、その後も長く賃金の低迷が続いたのは、1990年代後半から目立ち始め、2000年代になって急速に激しくなった中国との厳しい競争が重要な要因となった。それまでわが国の成長をけん引していた製造業の多くが、国内外の市場で中国製品との競争に直面し、まず製品価格を引き下げ、次いであるいはほぼ同時に、労働コストの引き下げに注力し始めたのだ。

平成11年度（1999年度）経済白書は、わが国企業が抱えている三つの過剰として設備、雇用、債務を指摘し、このうち雇用については、「わが国の完全雇用神話が崩れた」と述べている。同白書はバブルの崩壊と金融システム混乱後の景気停滞を完全雇用神話崩壊の主因としているが、より深刻で長期的な影響を与えたのは中国の台頭だ。中国の台頭は、わが国製造業に対し製品価格引き下げと雇用削減を余儀なくさせただけでなく、非製造業のコスト削減対応を本格化させた。

例えば当時から100円ショップとして急速に成長したダイソー（株式会社大創産業）を取り

上げてみよう。その軌跡を同社のホームページで確認すると、1991年に「100円SHOPダイソー」のチェーン展開を本格化させたあと、99年に日本国内で1000店舗を突破した。資本金についても、2000年3月、9億円に増資した後、01年6月には一気に27億円まで増資した。23年9月末の国内店舗数は4280店舗まで広がっている。資本金と店舗数で示されるように、100円ショップは1990年代から展開を広げ始め、2000年以降急成長した。経済停滞と先行き不安から節約志向を強めていた消費者のニーズに合致したことが急成長の要因だが、その販売する低価格商品を支える主力となったのが中国からの輸入である。繰り返すようだが、中国からの輸入シェアが最大となったのが02年だ。文字通り怒濤のように流入する中国製商品が、100円ショップに象徴されるようなディスカウントストアの展開を容易にするとともに、わが国に価格引き下げ圧力を与え続けたのである。

100円ショップについては、その従業員構成も注目される。ダイソーの正社員は677名だが、臨時従業員数は2万3977名（1日8時間換算、いずれも2023年2月末現在）だから、臨時従業員数は全体の97％と圧倒的に多い。100円ショップではコスト削減が生命線だ。コスト削減が商品だけでなく雇用にも徹底されて、現在の従業員構成になった。1998年以降わが国の賃金下落では、当初は雇用確保を優先した正規従業員の賃金引き下げが目立ったが、その後非正規従業員の拡大というかたちの実質的な賃金引き下げが、製造業だけでなく、非製造業にも大きく広がって、賃金の低迷が続いたのである。

いざなみ景気では、外需中心の成長だったため、グローバル企業以外の企業は恩恵を受けにくかったうえ、賃金の伸びが低く、企業部門の好調さが家計に波及しなかったことが、回復実感の乏しい背景として説明されてきた。しかし今振り返ると、電気・電子機器や雑貨を中心とする多様な業種で、韓国や中国の猛追を受けて経営の余裕が乏しくなっていたグローバル企業が少なくなかった。多くの企業が低価格攻勢に押されて、コストカットに本腰を入れ始めたから、賃金面のコストカットが、正社員の賃金引き下げ・昇給停止、非正規雇用の増大というかたちで広範な業種に及んでいった。

◉輸入デフレ

中国が輸出シェアを拡大したのは日本市場だけではない。それにもかかわらず日本が賃金・物価の下落圧力というデフレ的影響を最も強く受けた理由を考えると、中国の発展がまさに日本経済の後追いで、わが国のシェアを奪いながらの成長だったことが挙げられるだろう。日本の製造業が猛威を振るった後の欧米では、製造業の比重がすでに小さくなっていたから、中国からの輸入増大は、多くの場合、自国製造業の縮小というよりは、日本からの輸入削減で対応できた。結果として中国発展の痛みの多くは、日本企業が負うことになり、それが日本経済停滞の一因となった。

１９９０年代後半から２０００年代前半にかけての日本はバブルの後遺症で混乱していた。中国だけでなく中国に先行した韓国や台湾企業も含めて考えれば、わが国が過剰として切り捨てた設備や雇用の受け皿となって、わが国が意図していなかった技術移転を享受し、活用した企業が少なくなかった。距離的に近く文化的に共通性があることも、日本企業がより多くの影響を受けた要因だ。こうして台頭した中国は、その後もわが国に対し、賃金・物価を引き下げる大きな圧力を与え続けた。

図表２－６は、中国と韓国の１人当たり名目ＧＤＰについて日本を１００として指数化し、その推移を長期的に振り返ったものだ。[注3] １９７０年代から90年代前半までの日本の成長が続いていた期間、中国の１人当たり所得は、日本との格差が開く一方だったが、90年

図表2-6 中国と韓国の1人当たり名目GDP
（日本を100として指数化）

時期	中国	韓国
1970～1974（平均）	4.6	12.2
1975～1979（平均）	3.1	16.2
1980～1984（平均）	2.9	20.1
1985～1989（平均）	1.7	19.2
1990～1994（平均）	1.3	25.3
1995～1999（平均）	2.1	30.4
2000～2004（平均）	3.3	38.1
2005～2009（平均）	7.2	56.4
2010～2014（平均）	14.2	60.1
2015～2019（平均）	22.9	79.9
2020	25.6	78.7
2021	31.1	87.3

（注１）国連 国民経済計算データベースにより筆者作成。
（注２）平均値は、各年次を指数化し、その平均値により計算。

代後半からキャッチアップが始まり、2000年代以降急速に水準を高めている。これに対し韓国は、1970年代後半以降から持続的に日本との経済格差を縮めてきた。日本との関係で見ると、韓国の方が中国より20年ほど先行して発展期に入っていたことがわかるが、より重要なのは、日本と中国との経済格差の絶対的な大きさだ。80年代後半から90年代前半にかけての10年間は、中国の1人当たり名目GDPは、日本の1％台だったのである。この1人当たり名目GDPの格差を、1人当たり人件費格差の代理変数あるいは近似値と考えると、当時の中国の人件費は、日本の100分の1程度だったと推定できるのである。

わが国は、そういう低賃金からスタートした中国と90年代後半以降競争を余儀なくされてきた。米国はデジタル化という技術革新と思い切った事業転換によって新たな発展を実現したが、それができなかったわが国は、コストカットによって乗り切ろうとしたものの、それだけの人件費格差は、埋め切れるものではなかった。90年代後半以降中国からの低価格工業製品が世界の輸出市場を席巻するようになり、中でも日本の市場ではその影響が強かった。石油を中心とする原燃料価格の上昇がわが国の物価上昇をもたらすと、それは輸入インフレと呼ばれている。同様に考えると、日本が90年代後半以降中国を主体とするアジア諸国から受け続けた賃金・物価の低下圧力は、輸入デフレと称されるべき現象だった。

本章の冒頭、中国によるデフレ輸出が、主要7カ国（G7）財務大臣・中央銀行総裁会議の共同声明で懸念の対象となったことに触れたが、それは、中国の脅威が自動車等産業の中核部分にまで及んできたからだ。安価な中国製品は先進国消費者の生活を支えてきた。それが日本製品を代替している限り、日本以外の国々の痛みは少ないが、守りたい産業の中核にまで及んでくれば話は別だ。今後は、中国によるデフレ輸出（輸入デフレ）への対応が先進国共通の重要テーマになるだろう。

◉輸入デフレと異次元緩和

第1章で扱った異次元緩和では、わが国停滞の背景として不徹底な金融緩和による物価の下落が指摘されていた。物価の下落を示す指標としてしばしば取り上げられたのは、消費者物価だけではなくて、わが国のGDPデフレーターだった。実際わが国のGDPデフレーターは、1999年～2013年の15年間、連続して下落した。その間の輸出入デフレーターを見ると、輸出デフレーターが下落する一方、輸入デフレーターが上昇した。輸出入デフレーターとGDPデフレーターの関係については次章で詳述することとするが、輸出入デフレーターは、輸出入物価とほぼ一致する。輸出デフレーターの下落は、厳しい輸出競争を通じ価格引き下げ圧力が高まったことを示しているが、輸入デフレーターの上昇と輸入デフレとの関係をどう考えたら良いのだろうか。輸入デフレーターが上昇しているのに輸入デフレと言えるのだろうか。

そこで輸入物価の動きを、日銀が公表している輸出入物価の類別分類から確認しておこう。本章では、すでに2002年~08年の間、輸入物価総平均は原油価格の急騰を反映して上昇しているものの、類別分類で見れば、電気・電子機器は大幅に下落していたことを確認した（前掲**図表2―5**）。GDPデフレーターの下落が続いた15年間も、輸入物価総平均は石油・石炭・天然ガスの急騰によって大幅に上昇しているが、電気・電子機器、はん用・生産用・業務用機器といった工業製品価格は下落している。つまりこの時期の輸入物価には、一方で原油価格の上昇、他方で原油以外の主要製品価格の下落という二つの現象が同時並行的に作用していたのだ。原材料部門で輸入インフレ、製品部門で輸入デフレが同時に進行し、そのいずれもが日本企業には厳しいコスト圧迫要因となった。わが国は、原油価格の上昇に長く苦しめられてきたから、輸入インフレには敏感だった反面、輸入デフレへの認識が遅れてしまったが、わが国のデフレ的停滞の根底には、この輸入デフレがあった。

中国を中心とする東アジアの国々が日本に与えたデフレ的影響を要約すると、世界の輸出市場での競争を通じる賃金・物価の引き下げ圧力、日本の国内市場で国内製品を代替・駆逐する過程で生じた賃金・物価の引き下げ圧力、輸入製品自体の価格低下による物価引き下げ圧力が挙げられるだろう。経済の教科書は、資本の自由化が進むと、生産要素である土地や労働の価格は国際的に平準化すると教えている。まさにその通りのことが日本と東アジアの国々との間で発生した。直接投資が中国に集中し、中国が巨大な生産力を発揮するようになると、低かった中国の賃金が上昇した一方、高かった日本の賃金は引き下げられた。賃金については下方硬直性が指摘されることが多いが、日本では雇用確保を優先して、賃金引き下げを受け入れる動きが広がった。

この間輸出入取引の規模も飛躍的に高まった。中国との輸出入取引が増大する過程で物価も平準化し、日本の物価には低下圧力が働き続けた。日本の賃金・物価の下落、さらに経済停滞の背景には、こうして中国の影響が大きかった。当時日本経済停滞の主因は、わが国のデフレ体質と不徹底な金融緩和にあるとする意見が強く、デフレ退治が政策課題となって異次元緩和が導入されたが、本当の問題は、輸入デフレと称すべき国外とりわけ中国からのデフレ圧力だったのである。間違った原因究明に基づいて異次元緩和は開始された。それが効果を挙げられなかったのは必然だったのである。

エコノミストのリチャード・クー氏は、経済的に追われる立場になった国のことを「被追国」と呼んでいる。かつて欧米を追いかけて発展したわが国は、１９９０年代以降韓国や中国から追われる立場の被追国になった。それは日本にとって初めての経験だった。中国が追いかけた対象国が日本だったが、日中の賃金格差があまりに大きかったから、日本は、輸入デフレに苦しんだ。米国は、デジタル化を推進し新しい産業を興して大きく発展したのに対し、日本はそれができなかったことを振り返ると、わが国の問題は、従来部門で競争に勝てなかったことだけではなくて、新しい産業を興せなかったことでもあった。

◉英国の「大不況」から学ぶこと

日本の「失われた30年」を振り返ると、その諸相の中に英国の「大不況」を思い起こさせることがある。通常「大不況」というと、1929年10月、米国の株価暴落から始まって第2次世界大戦の伏線となった30年代の深刻な世界不況を思い起こすだろう。しかしそれよりも前の19世紀後半、英国は長い不況を経験し、それを「大不況」と呼んだ。英国の大不況は、1873年の恐慌から始まり1896年まで20年以上にわたって続いたとするのが一般的だ。大不況の間、英国経済はそれなりに成長していたものの、物価はだらだらと下がり続け、当時の英国人が不況と認識していたことが特色だ。英国経済にとって「19世紀は『デフレの世紀』といってもよいのである」[注4]。

国際政治学者の高坂正堯氏は、『現代史の中で考える』（新潮選書）の中で、英国人が Great Depression と呼んだ大不況は、1929年の米国のそれのように急性ではなかったから、訳語は「大沈滞」あるいは「大鬱状態」の方がよいかもしれないとしたうえで、英国史を解説している。大沈滞は、英国の繁栄の絶頂に始まった。大沈滞の重要な背景は、当時の新興国米国と統一後のドイツから激しい追い上げを受けたことだ。新興の経済大国が生まれると、先進国経済は、程度の差はあれ、賃金・物価の引き下げ圧力というデフレ的影響を受けやすくなる。当時の英国がそうだったし、失われた30年を経験したわが国もまたそうだった。

日本と英国は無論同じではない。しかし国が下降期に向かったとき、その背景や道筋が似ることはある。当時の英国が直面した問題は、前掲書の小見出しに示されている。いくつかを列挙すると、「労働生産性の不振と技術革新の停滞」、「新しいものへの心理的な抵抗」、「企業家精神の衰弱」、「大き過ぎた対外投資」などだ。これらは、現在のわが国でまさに問題とされている。英国人が感じていたに違いない憂鬱の主因は、米国とドイツからの激しい追い上げだったが、日本の停滞にも中国や韓国の影が濃い。数字で確認すれば、当時の英国経済の実態が極端に悪かったわけではないのに、経済を不況と受け止めたのは、追われる国の焦燥感からだろう。同じ焦燥感をわが国も感じてきたように思う。苦闘を続けてきたわが国の心理も大鬱状態だった。

新興国からの挑戦を受けたとき、被追国にとって対応の障害となるのは自国経済についてのプライドだ。それまで産業面で劣る存在と見ていた国の製商品については、品質が低い、安いだけだ、と考えがちだ。あえて言えば、そこには先進国として新興国に対する侮りがある。しかし新興国には、既存の技術を使うことで技術開発のコストと時間を節約できるという圧倒的に有利な条件がある。得意な分野に絞って攻勢をかけることができる。しかも賃金は低く、より長時間、より精力的に働くことができる。こうして産業面の新陳代謝が進展した。わが国では、国際競争力を次第に失って市場から駆逐される産業が少なくなかった。それが特に顕著だったのが電気・電子産業であり、日の丸テレビ敗戦、日の丸半導体敗戦などと言われる現象になった。

中国の台頭は、21世紀世界最大の事件だ。しかも日本にとって中国は、引っ越しできない隣国だ。どのように対応するかは、わが国の重要課題であり続けるだろう。高坂氏は、わが国は英国の真似をしてもだめだが、英国の歴史に学ばなければいけないと述べている。英国は落日を迎えたが、現在でも国際社会での存在感が大きい。私たちは、英国下降期の経験、強国ドイツに粘り強く対応した歴史を学ぶ必要がある。国際経済環境も、コロナ禍とウクライナ戦争を経て、大きく変わってきた。国も会社も人間も、苦しいときにこそ真価が試される。日本の真価あるいは知恵が試されるのはこれからである。

注1　ジェトロ作成の「日本の国・地域別対外直接投資」による。

注2　国連の国民経済計算データベースによる。
注3　同前。
注4　吉川洋『デフレーション』日本経済新聞出版社、第3章 大不況1873－96

第3章

いざなみ景気——実感の乏しい回復

本章では、前章で若干触れた「いざなみ景気」について検証しよう。いざなみ景気は戦後最長の景気拡大期間を記録したにもかかわらず、「回復実感が乏しい」ことが特色だった。またこの期間GDPデフレーターが下落を続け、「デフレ」がわが国経済停滞の原因として大きく取り上げられるようになった。実現した長期の回復よりもデフレ的停滞感の方が注目を集め、その後の世界金融危機を経て、物価の下落こそ諸悪の根源という誤った見方につながった。しかし別の光を当てれば、いざなみ景気は今も活きる重要な材料を提供している。本章では、やや技術的になるが、国民経済計算の分析を通じてわが国経済停滞の背景を検証しよう。

◉「回復実感の乏しい」いざなみ景気

「いざなみ景気」とは、2002年2月に始まり、08年2月まで73カ月続いた景気拡大期の通称だ。それ以前で最も長かった景気拡大期間は、高度成長時代における「いざなぎ景気」（1965～70年）の57カ月だった。いざなぎ景気は、日本列島をつくったとされる「イザナギノミコト」にちなんで名付けられたが、02年2月以降の景気拡大期間は、それを上回る戦後最長を記録したことから、イザナギノミコトの妻である「イザナミノミコト」の名前をとって「いざなみ景気」と呼ばれたのである。

いざなみ景気が始まった02年前後の政治・経済状況を振り返ると、01年4月に小泉純一郎政権が誕生している。同政権は、不良債権問題の早期終結を図って、02年10月に「金融再生プログラム」を策定し、不良債権比率の引き下げ、資産査定の厳格化、自己資本の充実などを金融機関に要請した。また03年5月には、りそな銀行グループに対する公的資金総額3兆1280億円の注入を決定したが、同時期以降株価も安定して回復基調を続けるようになった。その少し前、02年には、東京圏商業地の地価公示価格も下げ止まりから一部反騰に転じていた。政府の対応と地価・株価等資産価格の下げ止まり・反騰という環境改善が相まって、不良債権問題の改善が進み、金融システム不安は解消に向かった。バブル崩壊とともに始まり10年以上に及んだストック調整圧力は大きく後退し、安定的な景気回復が持続する環境が整ったのである。

いざなみ景気は、こうして日本経済がバブルの後遺症からようやく回復し、前向きの自律的な循環を始めたことによって実現した。ここから改めて回復のプロセスが動き始めたが、その中にも新たな問題点が登場してきたことを見逃せない。それは、当時の表現を使えば、「回復実感が乏しい」ことだった。「回復実感が乏しい」というのは感覚的な表現だ。経済分析にはなじみにくいはずだが、平成19年度（2007年度）経済財政白書は、景気回復が長期に続いていることを認めながらも、「人々の間で景気が回復しているという実感が乏しいとの指摘がある」として、その要因を説明している。以下若干長くなるが、当時の認識を理解するために、同白書の記述を引用しよう。[注1]

「（いざなみ景気）回復期間内の平均実質成長率（年率）を過去の景気回復局面と比べてみると、『いざなぎ景気』で平均して11・5％、『バブル景気』で5・4％と高い成長率を実現しているが、今回の景気回復局面では平均2・2％と非常に低い成長率となっている。また、今回の回復局面では物価が下落していたことから、名目成長率が実質成長率を下回るいわゆる『名実逆転』が生じた。回復局面を通じた平均名目成長率（年率）は『いざなぎ景気』で平均18・4％、『バブル景気』で7・3％であったのに対して、今回の景気回復局面ではわずか0・9％にとどまった。（中略）

景気回復における外需の役割が大きくなったことにより、グローバル化した大規模製造業の業績が改善しやすい一方、貿易財を扱わない非製造業や海外展開するには至らないような中小企業は景気回復の恩恵を受けにくくなっている可能性がある。（中略）こうした規模別・業種別で回復の度合いにばらつきがあることも、皆が一様に回復を実感することの困難さに結びついていると考えられる。

また、企業部門の好調さが家計部門へと波及しにくくなっていることも、景気回復を実感できない要因と考えられる。（中略）好調な企業部門の状況と比べ賃金の伸びが非常に低いことが、家計の回復実感を阻害しているものと考えられる。」

以上の記述の中に、いざなみ景気の特色であり、同時に問題と考えられていたことの多くが含まれている。主要な点を箇条書きで列挙すれば、次のようになるだろう。

①成長率が低い。特に物価の下落により名目の成長率が低い。
②外需中心の成長だったため、グローバル企業は大きな恩恵を受けたが、他の企業は恩恵を受けにくかった。
③賃金の伸びが低く、企業部門の好調さが家計に波及しなかった。

当時指摘されたこれらの問題点は、その後も十分解消されないまま現在まで続いている。成長率が低く、景気拡大の中にも停滞感を払拭しきれなかったことが、6年という戦後最長の景気回復期間を含めて「失われた30年」と受け止められる要因にもなった。実際、いざなみ景気に対する評価は、当時も今もあまり高くない。いざなみ景気は、バブル崩壊の後遺症をようやく克服して実現した自律的回復だったものの、新たな問題に直面した景気拡大局面だったとも言えるだろう。しかし、この時期には十分解明されていない問題が残されている。何よりも、当時浮上した問題の原因究明が不十分のままだ。いざなみ景気を改めて検証することが必要だ。

いざなみ景気の推進力となったのは、輸出の増加とそれに触発された輸出関連設備投資の増加と言われてきた。この時期、シャープ亀山工場の建設など日本企業の国内回帰と言われた工場建設も多く、それが民間設備投資を底上げした。確かに景気の推進力という点では輸出の力は大きく、また民間設備投資もそれなりに寄与した。しかしこの時期の経済の動きを全体として眺めると、同時に目立つのは輸入の増大だ。輸入の増大はその後現在まで続き、日本経済の構造を大きく変えた。前章で明らかにしたように、いざなみ景気の時期02年から08年にかけてわが国では、輸出入ともに急増し、対外取引構造が大きく変わった。変化は特に対中国取引で大きかったが、本章では、対外取引構造の変化がわが国の国内総生産（GDP）にどのように影響したか、国民経済計算（GDP統計）のサイドから検証する。以下の説明はやや技術的になるが、前章で説明した国際環境の変化と併せて読めば、日本経済が当時直面していた問題についての理解が容易になるはずである。

図表3-1 いざなみ景気（2002/1〜3月〜2008/1〜3月）**の成長率と寄与度**

	実質原系列 2015暦年連鎖価格			名目原系列			デフレーター 2015暦年＝100	
	伸び率％	年率％	寄与度％ポイント	伸び率％	年率％	寄与度％ポイント	伸び率％	年率％
国内総生産（支出側）	11.4	1.8		3.4	0.6		▲7.2	▲1.2
民間最終消費支出	6.6	1.1	3.8	3.8	0.6	2.1	▲2.7	▲0.5
民間住宅	▲15.3	▲2.7	▲0.8	▲11.9	▲2.1	▲0.5	4.0	0.7
民間企業設備	18.0	2.8	3.1	12.3	2.0	2.1	▲4.7	▲0.8
政府最終消費支出	7.2	1.2	1.3	0.1	0.0	0.0	▲6.5	▲1.1
公的固定資本形成	▲29.1	▲5.6	▲2.7	▲26.3	▲4.9	▲2.1	3.9	0.6
対外取引 純輸出			4.0			0.2		
対外取引 輸出	84.4	10.7	8.6	72.9	9.6	7.8	▲6.2	▲1.1
対外取引 輸入	36.6	5.3	▲4.7	80.1	10.3	▲7.5	31.9	4.7
民間需要	10.1	1.6	7.7	7.1	1.2	5.2	▲2.7	▲0.5
公的需要	▲3.9	▲0.7	▲1.1	▲8.1	▲1.4	▲2.1	▲4.3	▲0.7

（注）国民経済計算（GDP統計）2015年基準四半期ベース原計数により筆者試算。寄与度は6年間の伸び率に対する寄与度％ポイント。

◉低くはなかった実質成長率

図表3―1は、いざなみ景気の始まった02年1〜3月から、ピークとなった08年1〜3月までの国内総生産（GDP）の伸び率と寄与度を示したものだ。この間ちょうど6年。スタート台もピーク時点も1〜3月期なので、四半期ベースの原系列計数（季節調整を加える前のデータ）から伸び率を計算した。GDP統計は数年おきに基準が改定される。ここでは最新の2015年基準を使っているので当時公表された数字とは若干の違いがあるが、基本的な姿は変わらない。

まずその間の実質GDPの動きを見

よう。６年間の伸び率は11・４％、年率では１・８％だ。11・４％の伸びをもたらした需要項目を見ると、輸出の増加が圧倒的だ。輸出は６年間で84・４％、年率では10・７％という高い伸びを実現し、６年間の実質ＧＤＰの伸び11・４％に対し８・６％ポイントの寄与度を記録した。次いで民間企業設備投資が、輸出関連設備投資と日本企業の国内回帰を中心に18・０％（年率２・８％）という高い伸びとなり、３・１％ポイントの寄与度を示した。消費（民間最終消費支出）の伸びは、実質ＧＤＰ全体の伸びの半分強にとどまったが、それでもウェイトが約55％と高いので、全体の伸びに対する寄与度は３・８％ポイントとなった。輸出、民間企業設備投資、消費の３項目で、この間のＧＤＰ成長率11・４％以上の伸びを説明している。特に輸出がけん引力になった姿がよく出ていて、輸出主導と言われたこれまでの評価通りの結果が示されている。

それでは６年間の実質成長率11・４％、年率１・８％をどう評価したら良いだろうか。当時の経済財政白書が指摘した通り、日本の高度成長期の年率10％超、バブル期の同５％に比べれば低いのは明らかだが、同じ時期の欧州先進国と比べると決して低いわけではない。**図表３－２**は、日本の成長率を同時期の主要先進国（フランス、ドイツ、イタリア、英国、米国）と比較したものだが、実質成長率に着目すると、03年、05年は英米両国に次いで第３位だ。最下位になった06年、07年でも大差がついているわけではない。当時米国は、ＩＴバブル崩壊による不況か

図表3-2　欧米主要国と日本のGDP伸び率（成長率）

単位：％

		2002年	2003年	2004年	2005年	2006年	2007年
実質	フランス	1.1	0.8	2.8	1.7	2.4	2.4
	ドイツ	▲0.2	▲0.7	1.2	0.7	3.8	3.0
	イタリア	0.3	0.1	1.4	0.8	1.8	1.5
	日本	0.0	1.5	2.2	1.8	1.4	1.5
	英国	1.8	3.1	2.3	2.7	2.2	2.6
	米国	1.7	2.8	3.9	3.5	2.8	2.0
名目	フランス	3.2	2.7	4.5	3.6	4.7	5.0
	ドイツ	1.2	0.6	2.3	1.1	4.2	4.8
	イタリア	3.5	3.3	4.1	2.8	4.0	4.0
	日本	▲1.3	▲0.1	1.0	0.6	0.5	0.8
	英国	4.0	5.7	5.1	5.8	5.2	5.0
	米国	3.3	4.8	6.6	6.7	6.0	4.8

（注）国連統計 Basic Data Selection による。

らの回復期で好況に沸いていたが、のちにそれは住宅バブルだったことが判明した。バブルがはじけてからはサブプライムローン問題、リーマン・ショックという世界的大混乱が発生している。一方日本では、同時期小泉政権の基本方針となった公共投資の抑制策から、公的固定資本形成は、6年間で3割近い大幅減少（マイナス29・1％）だ。生産年齢人口も減少が続き、需要、供給両面から成長の制約要因となっていて、潜在成長率は、2000年以降せいぜい1％あるいはそれ以下の水準だ。わが国は、公共投資削減と潜在成長率低下という制約の下で、年率1・8％の成長を実現した。その成長率は、バブルだった米国を別にすれば、欧州先進国に比べ決して低い伸びではない。実質成長率で見れば、この時期わが国はそれなりに健闘していたのだ。

◉低かった名目成長率

以上は実質ＧＤＰで見たいざなみ景気だが、これを名目ＧＤＰで見ると、その姿が大きく変わる。**図表３－１**に戻ると、名目ＧＤＰの伸びは６年間で３・４％、年率ではわずかに０・６％と大幅に低下する。前掲主要国との国際比較でも（**図表３－２**）、名目成長率では02～07年の６年間、毎年最低のしかも極端に低い伸び率だ。実質成長率では頑張った日本経済だが、名目ＧＤＰで見ると、明らかに日本経済の成長率は低い。

なぜこんなに低いのか。それは、ＧＤＰデフレーターの伸びがマイナスを続けていたからだ。ＧＤＰデフレーターは、名目ＧＤＰ／実質ＧＤＰ×１００で求められる。金額ベースで積み上げられた名目値を、量概念でとらえる実質値に換算する指標だが、いざなみ景気期間中のＧＤＰデフレーターは、６年間でマイナス７・２％、年率ではマイナス１・２％の下落だ。実質で年率２％に届かない成長率の下で毎年マイナス１％以上のデフレーターの下落があれば、名目がほとんど伸びないのは当然だ。名目成長率の低かったことが、「回復実感の乏しい」主因となった。経済成長が続く経済では、通常ＧＤＰデフレーターが上昇し、名目成長率は実質成長率を上回る。ＧＤＰデフレーターが下落し名目成長率が実質成長率を下回る現象は、「名実逆転」と言われている。

では、なぜGDPデフレーターがかくも長期にわたって下がり続けたのだろうか。それこそが本当の問題だ。それは、国内物価が下落を続けているからだ、というのが当時の（そして多分今でも）多くの人々の判断だ。GDPデフレーターの下落は、その後デフレ脱却が強く主張される一つの背景となった。一般に「GDPデフレーターは、国内生産品だけを対象としており輸入品価格は反映されていない。外的要因（輸入原材料価格など）の影響を受ける消費者物価指数に比べ、国内の物価水準を反映しやすい」などと説明されている（インターネット上の解説ではほとんどが同様の表現である）。しかし、その説明は正確ではない。しかも誤解を誘発し、広めている。実際には、GDPデフレーターは輸入品価格の影響を受けている。事実GDPデフレーターは、輸入デフレーターが大きく上昇し、輸出デフレーターが下落したときに下落することが多い。外的要因の影響を強く受けるのだ。いざなみ景気期間中はその傾向が顕著に表れた。そこでまず、GDPデフレーターの性格を明らかにしよう。

◉GDPデフレーターをめぐる誤解

GDPは、国内生産者による国内生産活動の結果生み出された一定期間の付加価値の総額である。私たちが通常見ているGDPは、消費、投資、輸出といった需要項目の推計から構成されている。輸出の場合、需要者は国外だが、国内生産者の生産によるものだから、これもGDPを構成するプラス項目に含まれている。これらの需要項目は、通常生産者の売上額から推計されるが、売上額の中には、国外で生産された輸入製品や輸入素原材料などのコストが含まれている。つまり個別の需要項目は輸入分を含んで計上されているのである。「国内」の生産を示すGDPは、輸入の影響を差し引かなければならないが、その操作は、消費、投資、輸出といった個別の需要項目ごとではなく、これら輸入以外の需要項目の総計から、輸入額を一括控除することによって行われている。

そこで今輸入物価が大きく上昇したとしよう。輸入はGDPの控除項目だから、輸入物価の上昇は、名目GDPを引き下げ、GDPデフレーターを下落させる要因として作用する。仮に輸入物価が上昇し、他の国内生産品価格に変動がなければ、GDPデフレーターは下落する。その輸入物価の上昇分がすべて国内生産品の売上価格に転嫁されて初めてGDPデフレーターの変化率はゼロになる。この理解が重要だ。GDPデフレーターの変化率は、内生的な物価の変動を意味していると言われる。その通りなのだが、その意味は、GDPデフレーターの変動は、輸入物価の上昇分転嫁以上に国内生産品価格が上がったのか、それとも国内生産品価格は輸入物価の上昇を全額転嫁するほどには上昇しなかったのかを示している、ということなのである。

数式で示せば、国内生産品総額に占める輸入比率×輸入物価上昇率の分だけ国内生産品価格が上昇すれば、GDPデフレーターの変化率はゼロである。繰り返しになるが、GDPデフレーターの下落は、国内生産品価格が輸入物価の上昇分をすべて転嫁できるほどは上昇しなかったことを意味している。仮に輸入物価の上昇率がきわめて急激で大きいときには、国内物価が上昇しても、輸入価格上昇分のすべてを転嫁できていないことがあるだろう。その場合には、国内物価は上昇しても、GDPデフレーターは、輸入物価上昇の影響を受けて低下する。つまり、GDPデフレーターは輸入品価格の変動を反映しているのである。

以上の説明で、GDPデフレーターの伸びがマイナスになった場合でも、国内生産品価格が上昇しうることは理解できるだろう。GDPデフレーターのマイナスと国内生産品価格の上昇は両立する。事実そうなった事例も見られている。GDPデフレーターのマイナスが示すことは、国外から持ち込まれた輸入物価の上昇圧力ほどは国内生産品の価格が上がらなかったことであり、それだけではGDPデフレーターがなぜ上がらなかったかは解明されていないのである。

原因解明には、需要項目ごとに価格（＝デフレーター）変化を確認することが必要だ。各需要項目のデフレーターはそれぞれ需給を反映して変動する。例えば、消費デフレーターの下落幅が大きければ、消費市場の需給が緩んだのだろうと推測できる。あるいは輸出デフレーターの下落が大きい場合には、世界の輸出市場で競争が激化したことが想定される。そもそも輸入デフレーターの上昇幅が大きいときには、その国内転嫁には時間がかかるから、GDPデフレーターの伸びはマイナスに振れやすい。GDPデフレーターの低下をそのまま国内デフレとしたのは、そうした確認を無視した乱暴な議論だったのである。

以上の説明だけではわかりにくいかもしれないので、実際の数値で説明しよう。単純化のため今、輸出を含む国内生産品の総額(S)=100、輸入(M)=20とすれば、GDP(Y)は80(Y=S−M)である。想定のある年、名目GDPと実質GDPが同額だったとすると、GDPデフレーターは100である。さてその翌年、実質のS、M、Yは不変で、輸入物価が50%上昇したとしよう。名目輸入額は20から30に上昇する。名目輸入額の上昇分10は輸入品や原材料費のコスト増を意味しているが、その分だけ国内生産品の価格を引き上げることができれば(引き上げ幅=国内生産品総額100に占める輸入比率20%×輸入物価上昇率50%=10%)、名目の国内生産品総額は100から110まで10%上昇し、名目GDPは80(=110−30)となる。そのときGDPデフレーターは100(=80÷80×100)となって、前年からの変化率はゼロになる。しかし国内生産品総額の価格上昇が6%にとどまれば、名目GDPは76(=106−30)となる。その場合、変わったのは名目だけで、実質GDPは不変だから、GDPデフレーターは95(=76÷80×100)となって前年(100)より低下する。国内生産品物価は6%上昇し、GDPデフレーターはマイナス5％、名目GDPもマイナス5％のマイナス成長となるのである（実質成長率はゼロ％である）。

◉GDPデフレーター下落の犯人

以上の説明を踏まえ、改めて**図表3－1**に戻って個別需要項目ごとにいざなみ景気時のデフレーターを見ると、まず目立つのは輸入デフレーターの31・9％という大幅上昇だ。これだけの上昇をカバーする国内生産品価格の上昇がないとGDPデフレーターは下落してしまうから、輸入デフレーターの大幅上昇は、それ自身GDPデフレーターにとって大きなマイナス要因となった。輸入以外の需要項目を見ると、下落が目立つのは政府最終消費支出と輸出だ。いずれも6年間でマイナス6％を超えている。このうち政府最終消費のデフレーター下落は、当時の小泉政権による財政健全化に向けた取り組みを反映している。

一方輸出デフレーターの下落については、前章の説明を思い出してほしい。当時わが国は、急速に台頭しつつあった中国と激しい競合関係にあった。競合したのは中国だけではなかった。世界の輸出市場で、わが国は、中国以外にも韓国という強力な競争相手の成長により、価格の大幅引き下げを余儀なくされていた。わが国からの輸出物価は下落し、それは特に電気・電子機器に顕著だった。そうした国際環境の悪化がGDPデフレーターに反映されている。輸出デフレーターの下落こそは、わが国のGDPデフレーターを引き下げた重要な要因だったのである。

GDPを構成する輸出と輸入はいずれも対外取引なので、両者を総合した対外取引のGDPに対する寄与は、輸出から輸入を控除した純輸出で判断される。景気回復期間中における純輸出のGDPに対する寄与度を見ると、実質値と名目値で驚くほど変わってしまうのだ。まず輸出だが、輸出デフレーターが6・2%下落したため、6年間の伸びは、実質84・4%から名目72・9%まで低下した。一方実質で36・6%の伸びだった輸入は、輸入デフレーターの急騰により名目では80・1%の急増だ。実質では4・0%ポイントという大きな寄与度を示した純輸出だが、名目では、輸出の伸びが鈍化し輸入が大幅に増加した結果、わずか0・2%ポイントの寄与度にとどまった。名目ベースの純輸出は、いざなみ景気の名目成長にはほとんど寄与していなかったのだ。

6年間の名目成長率（3・4%）は、実質成長率（11・4%）より8%ポイントも低いが、その名実逆転幅8%ポイントのうち何と約半分は、純輸出の寄与度の低下によってもたらされたことになる。他の需要項目のうちで一番大きな影響を与えたのは消費だが、それでもマイナス8%ポイントの低下に対する影響はマイナス1・7%ポイント（＝名目の成長率寄与度2・1%ポイントー実質同3・8%ポイント）にとどまっている。つまり名目成長率が低下した主因は、名目純輸出の成長率に対する寄与度の低下であり、それは、繰り返しになるが、輸出デフレーターの下落と輸入デフレーターの大幅上昇によるものなのだ。この時期の輸出入デフレーターの動きはとても重要だ。消費者物価が06年上昇に転じた後もGDPデフレーターは下落を続けたが、それも、輸入デフレーターが上昇を続けたことが大きく影響している。わが国では、1990年代後半以降GDPに占める輸出入のウェイトが大きく上昇している。GDPデフレーターに対する輸出入デフレーターの影響が一段と大きくなっていることには注意が必要だ。

◉低かった実質国内総所得の伸び

これまでのところは統計技術的な説明だが、もう少し経済実態に即して考えてみよう。いざなみ景気中、純輸出の成長に対する寄与度が、実質では大きかったのに、名目ではほとんどなくなってしまったことを、平易な言葉を使って説明すれば、輸出は量の増加で稼いだものの、価格の下落で儲けが減ったうえ、輸入は価格の大幅上昇で稼ぎが国外に流出してしまったため、結局対外取引による稼ぎはほとんど吹き飛んでしまったことになる。

以上の記述の中には「稼ぎ」、「儲け」という言葉が使われている。それらの言葉は経済学では「所得」と呼ばれている。ここで私たちは「国内総所得（GDI）」概念を取り入れよう。国内で生産された付加価値の総和は、同時にその付加価値を受け取る人々の所得の総和である。したがって国内総所得（GDI）は国内総生産（GDP）に等しくなる。所得は通常名目で考えられるが、名目で見る限り、GDIはGDPと等しくなる。実際、雇用者報酬、営業余剰等の分配面から積み上げて計算された名目GDPは、名目GDIそのものである。

問題は「実質」GDIの計算だ。名目でGDPと等しかったGDIは、実質ベースではGDPと一致しないのだ。国民経済計算を担当している経済社会総合研究所（ESRI）の「用語の解説」によると、「実質GDPは付加価値の実質的な大きさを表すものであり、各構成要素の価格をある時点で固定することによって計測されるものであるが、海外との貿易に係る交易条件の変化に伴う実質所得（購買力）の変化は反映されない。この『交易条件の変化に伴う実質所得（購買力）の変化』を捉えるのが交易利得・損失という概念であり、定義上、実質GDP＋交易利得・損失＝実質GDIが成立している」と説明されている。注2 ここは、わが国の問題を考えるうえで大変重要な点だ。しかしこの説明だけでは、普段から国民経済計算を見慣れていない人にはよくわからないだろう。もう少し説明を補足しよう。

交易条件とは、輸出デフレーターと輸入デフレーターの相対価格のことで、輸出デフレーター／輸入デフレーター×100で示される。交易条件は、自国の生産物1単位で国外の生産物をどれだけ購入できるかを示すもので、この値が小さくなると自国の生産物1単位と交換できる国外生産物の数量が減少する。交易条件の低下は、自国の実質的な購買力の低下を示しているため、これを交易条件の悪化といい、ある一定期間中に発生した交易条件の悪化分を交易損失と言っている（逆は交易条件の改善、交易利得である）。交易条件は、輸出デフレーターの下落、輸入デフレーターの上昇によって悪化する。

本章でこれまで問題としてきた相対価格の変動は、輸出と輸入の間で発生する交易条件の変動だったが、相対価格の変動は、輸出入価格間だけでなく、すべての財・サービス間で発生している。例えばパソコンとコメの相対価格も変化しているから、1台のパソコン生産で購入できるコメの量は変動していて、電機業界とコメ農家の間でも、相対価格の変動にともなう利得・損失は発生している。その場合、両者とも国内居住者なら、一方の利得は他方の損失となって、「国内」全体で見る限り相互に相殺されるから、GDPの計算上は無視できる。しかし相対価格の変動が国外生産者との間で発生すれば、「国内」所得に影響を及ぼさないわけにはいかない。そこで国民経済計算では、輸出デフレーター／輸入デフレーター×100という相対価格（＝交易条件）それ自身の変化の影響を別途取り出して交易利得・損失を推計し、それを実質GDPに加えたものを実質GDIとして認識している。前記用語解説で「定義上、実質GDP＋交易利得・損失＝実質 GDI が成立している」というのは、交易条件の変化によっ

図表3-3 いざなみ景気（2002/1～3～2008/1～3）**期間中のGDPとGDI**

		実質原系列 2015暦年連鎖価格			名目原系列			デフレーター 2015暦年＝100	
		伸び率%	年率%	寄与度%ポイント	伸び率%	年率%	寄与度%ポイント	伸び率%	年率%
国内総生産GDP		11.4	1.8		3.4	0.6		▲7.2	▲1.2
対外取引	純輸出			4.0			0.2		
	輸出	84.4	10.7	8.6	72.9	9.6	7.8	▲6.2	▲1.1
	輸入	36.6	5.3	▲4.7	80.1	10.3	▲7.5	31.9	4.7
国内総所得GDI		7.3	1.2		3.4	0.6			
交易利得・損失				▲3.7					
交易条件								▲28.9	▲5.5

（注1）国民経済計算（GDP統計）2015年基準四半期ベース原計数により筆者試算。
（注2）寄与度は6年間のGDP伸び率に対する寄与度%ポイント。ただし交易利得・損失の寄与度は実質GDIの伸び率に対する寄与度。

て発生する交易利得・損失を別途推計し、それを実質GDPに加えたものを実質GDIと定義しているという意味である。

交易利得・損失の規模は、グローバル化にともなう交易増大の影響で大きく膨らんだ。国民経済計算では、2015年基準の交易利得・損失の推計値が公表されている。それによって、改めていざなみ景気期間中の交易利得・損失と実質GDIの変動を計算し、実質GDPと比較したものが**図表3－3**である。期初の2002年1～3月期の交易条件（輸出デフレーター／輸入デフレーター×100）は141・4だったが、景気の転換点となった2008年1～3月期には、100・6まで悪化した。それは当初自国の生産物1単位で1・414単位の国外生産物を購入できたのに、最終期には、それが1・

006単位まで低下したことを意味している。この間の交易条件の悪化率は、6年間でマイナス28・9%（年率マイナス5・5%）という大きなものとなり、失われた実質購買力の大きさ（交易損失）は、実質GDIの伸びを3・7%ポイントも引き下げる効果を持った。この結果実質GDIの6年間の伸びは、7・3%（年率1・2%）と、実質GDPの伸び（11・4%、年率1・8%）を大きく下回った。

◉実感の乏しい回復をもたらした交易条件悪化

輸出デフレーターの下落と輸入デフレーターの上昇という両者の変化をまとめると、交易条件の悪化になる。いざなみ景気当時の交易条件悪化は、名目輸出を目減りさせる一方、名目輸入を急増させて、名目成長に対する純輸出の寄与をほとんどゼロ近傍まで引き下げた。この結果名目GDPの伸び（名目成長率）は大きく鈍化した。名目GDPは名目GDI（国内総所得）と等しいから、それがそのまま名目所得の伸び悩みになって、「回復実感の乏しい」景気となった。交易条件の悪化は、同時に実質GDPには反映されない実質購買力の低下（交易損失）をもたらした。その交易損失を明示的に取り込んで計算された実質GDIは、実質GDPの伸びを大きく下回った。

以上のようなプロセスの結果、実質ＧＤＰで判定すると欧州先進国に劣らない成長を実現していたいざなみ景気は、名目ＧＤＰでは惨めな結果となり、さらに実質ＧＤＩは実質ＧＤＰの伸びを大きく下回ったのである。繰り返しになるが、「回復実感の乏しい」景気回復となったのは当然だ。それは、わが国の所得の相当部分が国外に流出するとともに、わが国の実質購買力が低下したからなのである。

平易な言葉を使うと、わが国で作り国外に売るものの価格が下がり、他方国外から買うものの価格が上がったことが、所得の国外流出増加と対外的な実質購買力の低下をもたらしたのである。ＧＤＰデフレーター下落の背後にあったのは、まさにそうした対外環境の悪化だ。そしてそれこそが問題の核心だ。なぜそれが問題かというと、さらにその背後には、わが国国際競争力の低下が隠れているからである。

当時から注目されるようになったＧＤＰデフレーターの下落は、わが国のデフレ体質を示すものとされ、経済政策が大きくデフレ退治に向かったが、ＧＤＰデフレーターの下落は、わが国のデフレ体質というよりは、国際競争力の低下をより色濃く反映していた。デフレ退治ではなくて、国際競争力の回復こそがわが国の真の課題だったが、その認識が乏しいままデフレ退治が続けられている。わが国は、停滞の背景に対する原因究明も、課題設定も間違えたのである。以下、この点をもう少し掘り下げよう。

◉日本経済停滞の真犯人

ＧＤＰデフレーターの下落という現象は、いざなみ景気の期間に顕著に見られ、また回復実感が乏しい元凶として議論の対象となったから、同景気を説明する材料として取り上げたが、いざなみ景気期間にとどまらず、90年代後半以降長期に観察される日本経済の特色だ。ＧＤＰデフレーターは、98年に横ばいとなった後、99年から２０１３年まで15年間下がり続けた。

その時代を簡単に振り返ると、１９９７～98年にかけて発生した金融システム大混乱の影響で、99年には深刻な不況が続いていた。２０００年にはようやく回復したが、米国ＩＴバブル崩壊の影響を受けて01年にはまた停滞に逆戻りした。02～07年にかけては回復実感の乏しいいざなみ景気が続いたが、08年には米国住宅バブルが崩壊した。米国投資銀行リーマン・ブラザーズの破綻をきっかけとした国際金融危機の影響を受けて、08～09年には前回不況時を上回る深刻な経済の落ち込みとなった。10年以降は国際金融危機からの回復期間だが、わが国経済は、11年３月に発生した東日本大震災で大きな打撃を受けた。ＧＤＰデフレーターが下落を続けた15年間は確かに苦難の時代だったが、同時に日本経済停滞の原因をめぐる議論が混乱した時代でもあった。

図表３－４は、ＧＤＰデフレーターが下落を続けていた時代、日本経済に何が起きていたか

図表3-4 GDPデフレーター下落中のGDPとGDI（1999〜2013年の変化率）

単位：変化率%

		実質			名目			デフレーター	
		伸び率%	年率%	寄与度%ポイント	伸び率%	年率%	寄与度%ポイント	伸び率%	年率%
国内総生産GDP		12.1	0.8		▲5.2	▲0.4		▲15.5	▲1.1
民間最終消費支出		16.6	1.0	9.2	4.0	0.3	2.1	▲10.7	▲0.8
民間住宅		▲20.0	▲1.5	▲1.1	▲19.9	▲1.5	▲0.9	0.1	0.0
民間企業設備		3.5	0.2	0.6	▲11.8	▲0.8	▲2.0	▲14.9	▲1.1
公的固定資本形成		▲38.0	▲3.1	▲3.6	▲38.7	▲3.2	▲3.1	▲1.2	▲0.1
対外取引	純輸出			0.9			▲4.0		
	輸出	83.3	4.1	8.0	44.3	2.5	4.6	▲21.3	▲1.6
	輸入	60.5	3.2	▲7.1	99.9	4.7	▲8.6	24.5	1.5
国内総所得GDI		6.4	0.4		▲5.2	▲0.4			
交易利得・損失				▲5.2					
交易条件								▲36.7	▲3.0

（注1）2015年基準国民経済計算による。
（注2）1999〜2013年の変化率は1998年の計数と2013年の計数を比較して計算。
（注3）寄与度は15年間のGDP伸び率に対する寄与度%ポイント。ただし交易利得・損失の寄与度は実質GDIの伸び率に対する寄与度%ポイント。

を示すため、いざなみ景気を参考に作成した計表だ。そこで、同表に沿って、混乱の15年間を振り返ってみよう。15年間の実質GDPの伸びは12・1%（年率0・8%）だ。しかしデフレーターが同期間実質GDPの伸びを上回る下落率（マイナス15・5%、年率マイナス1・1%）となったため、名目GDPは、マイナスの伸び（マイナス5・2%、年率マイナス0・4%）となった。GDPデフレーター下落期間中は、実質GDPが名目GDPの伸びを上回る名実逆転現象が続く。

いざなみ景気期間中は、それでも実質GDPの伸び率の方がGDPデフレーターの下落率より大きかったため、名目GDPも小幅とはいえプラスの成長を実現したものの、15年間を通してみれば、GDPデフレーターの下落率が実質GDPの伸び率を上回ったため、名目GDPはマイナス成長となって、名目GDPの規模そのものが縮小した。1998年に536兆円だった名目GDPは、2013年には509兆円まで減少したのである。

15年間における各需要項目のデフレーター変化率を見ると、民間住宅を除くすべてのデフレーターが、GDPデフレーターを下落させる方向に寄与している（輸入デフレーターは上昇しているが、すでに説明した通り、その上昇がGDPデフレーター下落に作用する）。問題はその下落率だ。15年間におけるGDPデフレーターの下落率マイナス15・5%を上回る変化率を示したのは、輸出（マイナス21・3%）と輸入（24・5%）だけなのである。いざなみ景気期間中、輸出デフレーターの下落と輸入デフレーターの上昇が、GDPデフレーターを大きく下落させて、名目GDPの伸びを抑えるとともに回復実感を乏しくしたことを説明したが、GDPデフレーターの下落が続いた15年間を通して、基本的にはまさに同じ状況が続いていたのである。

◉対外取引から派生した停滞

この間の対外取引を見ると、実質輸出は、いざなみ景気中と同様GDP成長率にプラスの寄与をしているものの、輸出デフレーターの下落が大きかったため、名目での寄与はその分低下した。一方輸入は、実質ベースの量増大と輸入デフレーターの上昇が相まって名目ベースではほぼ倍増となった。この結果、純輸出のGDPの伸び率に対する寄与度は、実質ではわずか0・9%ポイントと1%ポイント以下となり、さらに名目ではマイナス4・0%ポイントと、名目GDPの伸びを大きく引き下げる最大の要因となった。この間の名目GDPの下落率はマイナス5・2%だから、なんとその8割近くが対外取引（純輸出）から発生したのだ。

また交易条件は、輸出デフレーターが下落し、輸入デフレーターが上昇するという分子、分母の両面から悪化し、その下落率はマイナス36・7%にもなった。推計された交易損失は、実質GDIをマイナス5・2%ポイントも引き下げた結果、実質GDIは、実質GDPの伸び（12・1%）を大きく下回り、15年間で6・4%、年率0・4%という低い伸びとなった。輸出デフレーターの下落、輸入デフレーターの上昇という交易条件を悪化させた要因が、名目GDP（それはそのまま名目GDIだが）の規模を縮小させ、また同時に実質GDIの伸びを低くしたのである。2012~13年当時、経済停滞の原因は国内デフレとされ、消費者物価の引き上げが目標とされたが、問題の核心は、消費者物価ではなくて、輸出入デフレーターであり、さらにその背後にある国際取引環境の悪化だったのだ。

いざなみ景気期間中、回復の実感が乏しかったのは、わが国所得の相当部分が国外に流出するとともに、わが国実質購買力が低下したからであることを説明したが、混乱の15年間、同じ構造がより深刻なかたちでわが国経済を覆うようになった。「より深刻」なのは、輸出デフレーターの下落率が拡大して輸出の推進力が落ち、他方輸入は量の拡大、価格の上昇で所得の対外流出がより膨らんでいたからであり、さらにそれにもかかわらず原因究明が間違った方向に進んだからである。この間のわが国経済の停滞は、対外取引から発生した。それは、わが国経済を取り巻く環境が悪化していること、さらにわが国がそうした環境悪化へ適応できていないことを示していた。

◉輸出入物価

それでは、この間の輸出入デフレーターの変化はどのような財で発生していたのだろうか。それを別途日銀の輸出入物価指数類別データで見たものが**図表3－5**である。混乱の15年間の輸出物価のうち、何といっても下落率が大きいのは、電気・電子機器（マイナス62・5％）だ。電気・電子機器は、15年間でほとんど3分の1程度まで価格が下がってしまった。また、はん用・生産用・業務用機器（マイナス10・3％）、輸送用機器（マイナス10・1％）、その他産品・製品（マイナス8・1％）なども、電気・電子機器ほどではないが下落している。一方輸入物価では、

図表3-5　輸出入物価の推移（1999〜2013年の変化率）

単位：変化率％

		輸出	輸入	交易条件
輸出入物価指数類別データ	総平均	▲22.1	46.3	▲46.8
	繊維品	19.4	3.3	15.5
	化学製品	33.8	31.6	1.6
	金属・同製品	58.7	110.5	▲24.6
	はん用・生産用・業務用機器	▲10.3	▲3.1	▲7.5
	電気・電子機器	▲62.5	▲65.4	8.6
	輸送用機器	▲10.1	2.1	▲12.0
	その他産品・製品	▲8.1	9.3	▲15.9
輸入物価指数類別データ	飲食料品・食料用農水産物		43.2	
	木材・木製品・林産物		31.5	
	石油・石炭・天然ガス		364.5	
GDPデフレーター		▲21.3	24.5	▲36.7

（注1）輸出入物価指数類別データは日銀調べ。円建暦年平均、2015年基準。GDPデフレーターは2015年基準国民経済計算による。
（注2）1999〜2013年の変化率は1998年の計数と2013年の計数を比較して計算。
（注3）輸出入物価指数のうち飲食料品・食料用農水産物、木材・木製品・林産物、石油・石炭・天然ガスは輸出物価がないため交易条件を算出できない。

石油・石炭・天然ガスが4・6倍、金属・同製品が2・1倍と急騰しているほか、飲食料品・食料用農水産物（43・2％）、木材・木製品・林産物（31・5％）なども大幅上昇だ。これらは、エネルギー、鉱物資源、農・林・水産物の国際価格上昇を反映したものだが、その他産品・製品といった雑多な財の価格も上昇（9・3％）している。

元日銀総裁の白川方明氏は、交易条件の悪化を日本経済の問題点として明確に指摘している。同氏は、交易条件の悪化が示唆しているのは、「日本の輸出品の競争力が低下し、価格を下げて輸出・生産数量を確保する経営戦略をとらざるを得ない状況に徐々に追い込まれているという現実である。その典型がエレクトロニクス産業であり、韓国や中国の企業の追い上げに苦しみ価格の引き下げを余儀なくされていった」と述べている。[注3] まことにその通りであったように思う。わが国企業は国際競争が激化する中で、輸出価格を引き下げながら輸出量の増加で成長を確保しようとしたものの、競争力を次第に失って市場から駆逐されることが少なくなかった。他方輸入価格は、国際原燃料品価格の上昇を反映して大きく上昇したため、輸出と国内で稼いだ所得の少なくない部分が国外に流出した。

輸出デフレーターの下落と輸入デフレーターの上昇という交易条件の悪化は、単に回復実感を乏しくしていただけでなく、日本経済を取り巻く国際環境が急速に悪化していた状況を反映していた。その悪化とは、具体的には米国から始まったデジタル化への対応の遅れと中国・韓国企業の猛追による海外市場の喪失だ。わが国経済停滞の要因は、国際競争力の低下であって、消費者物価の下落ではなかったのだ。わが国は、停滞の原因についても、また政策課題の設定についても間違えたのである。

◉いざなみ景気再考

こうした重い問題を抱えながら、それでも長い景気回復を実現した時期が、いざなみ景気だった。いざなみ景気は、これまでに説明した通り、景気拡大期間は戦後最長だったにもかかわらず、回復実感の乏しかったこともあって評価は低い。本章でも、これまでは主に回復実感の乏しかった背景を説明してきた。しかしいざなみ景気は、不安定な金融システム、人口減少、国際環境の悪化という三重苦に直面しながらも、長い景気拡大を実現した。その経験は重要だ。その経験を将来に活かすために、改めていざなみ景気から学べることをまとめておこう。

いざなみ景気は、金融機関に対する公的資金の注入が実現し、信用不安が収束に向かったことによって始まった。地価や株価といった資産価格の下落も止まり、１９９０年代から続いていたストック調整圧力も後退した。持続的、安定的な景気回復の大前提となるのが金融システムの安定だ。教訓①金融システムの安定が持続的な経済成長に不可欠だ。

いざなみ景気は、バブル崩壊後初の自律的な景気回復でもあった。ここでの「自律的」というのは、公共投資の大きな支援なしに成長を実現させた、という意味だ。わが国では、景気が悪くなると、不景気の根本要因に対応するのではなく、安易に財政支出の拡大に向かう傾向が強いが、当時の小泉純一郎政権が掲げたのが「米百俵の精神」だ。幕末維新の時期、長岡藩の故事を引き合いに出し、「その日暮らしのためにお金を使うのではなく、将来のため、人の育成のために使われるべきだ」という主張だ。

実際、小泉政権は、思い切って公共投資を削減した。景気回復の期間、公的固定資本形成

（公共投資）は、実質で年率マイナス5・6％という大きな減少を続けたが、それでも景気回復は持続した。公共投資に依存しない景気回復が可能なことが示されたのである。教訓②景気刺激的な公共投資なしでも景気回復は持続する。今後の財政支出には、わが国国際競争力の再構築・底上げという視点が不可欠だ。

いざなみ景気のもう一つの特色は、物価下落の中での成長持続だ。景気が回復期に入った02年以降05年までは消費者物価（除く生鮮食品）の下落が続いたが、物価の下落がむしろ実質消費を底支えしたことと輸出の増加が相まって、前向きの景気回復メカニズムが働き続けた。その結果、景気の拡大が続き06年以降は物価も上昇傾向を取り戻した。教訓③物価の小幅下落は必ずしも成長を阻害しない。物価がマイナスになっているかどうかではなく、景気回復のメカニズムが働いているかどうかを見ることが重要だ。

2000年以降のわが国景気は、2回の長期回復期を経験している。1度目がいざなみ景気であり、2度目は、異次元緩和の時期である。前者は、小泉純一郎政権、後者は第2次安倍晋三政権の時代だ。両者の経済政策は異なっていたが、両者に共通なのは、長期安定政権だったことだ。経済政策の内容はもちろん重要だが、それと並んで重要なのは、政権の安定だ。政治の安定が持続的成長を生むのである。教訓④経済の持続的成長には政治の安定が重要だ。

注1　「平成19年度 年次経済財政報告」第1章第1節2 景気循環と経済部門間の波及の仕組み（3）実感の乏しい景気回復より抜粋

注2　（国民経済計算）「用語の解説」のうち「交易利得・損失」の項目より抜粋

注3　同氏『中央銀行』東洋経済新報社、334頁

第4章

円安——始まった資本逃避

本章では、これまで触れてこなかった為替相場を取り上げる。円相場にはわが国経済の歴史が刻まれている。世界金融危機以後の円安は異次元緩和からスタートした。当初は行き過ぎた円高修正の色彩が濃かったが、2021年頃から、内外金利差に着目した円売りが盛んになって、22年以降円安に弾みがついた。22年以降の円安は、国内インフレ率に見合った国内金利が形成されず、資本逃避の発生していることが一因だ。急速な円安で、わが国の賃金、金融資産、不動産等の国際価格は大幅に下落している。対外購買力も低下し、日本人は貧乏になった。本章では、円安の原因究明を通して背後にある国内金利の歪みを考えよう。

◉為替相場と国際収支

2024年に入って円安傾向が急速に強まった。23年末1ドル＝141円だった東京外国為替市場円相場は、24年6月27日に１６０円を突破し、7月11日まで１６０円を上回る水準を続けた。月中平均ベースで１６０円を最後に上回ったのは、１９８６年12月（月中平均１６２円）だ。１９８６年は昭和61年だから、6月下旬以降の１６０円を上回る円相場は、令和、平成を通り越して昭和の時代にまで戻ってしまったことになる。実に38年ぶりの円安水準だ。

為替相場についての報道は、日々の動きとその背後にある時事的話題が中心だ。どうしても短期的な視野になりがちだが、それだけでは見失われることが多い。長い目で見ると、円相場は日本経済を映す鏡の役割をしている。円安は24年に突然始まったわけでもない。本章では、やや長期的に円相場の推移をたどるとともに、その変動の背景や意味合いなどを考えてみたい。

為替相場とは、異なる通貨の交換比率のことである。異なる通貨の交換を外国為替取引（以下為替取引）と呼んでいる。為替取引が必要となるのは、異なる通貨で表示されている財・サービス・資産の交換が発生するからだ。外国との取引である国際取引では原則として為替取引が発生する。国際取引の対象は、時代により、また技術進歩により大きく変わってきた。国際収支統計は、わが国の国際取引を体系的に記録したフロー統計だ。為替相場の背景や先行きを考えるうえで重要だから、簡単に同統計の構成を確認しておこう。

かつて財が国際取引の中心を構成していた時代には、財は貿易対象となる貿易財とそうでない非貿易財とに概念上分けられたうえで、貿易財の輸出入取引を示す貿易収支が為替相場の変動要因として重視された。一方、国際取引の対象となりにくかったのはサービスだ。人の国際交流が乏しかった時代には、外国のサービス利用は簡単ではなかったが、国際交流が盛んになり、また産業のソフト化、デジタル化が進展するにつれて、旅行・輸送・知的財産権といったサービスの国際取引が広がったから、サービス収支の重要性は近年格段に高まった。

また不動産や金融資産の国際取引もかつては厳しく制限されていたが、1980年と98年の2度にわたる為替管理の自由化により、対外取引の自由化が大きく進展して以来、不動産取得・子会社設立・外国企業買収などの直接投資、株式・債券などへの証券投資が国際取引の対象として急速に成長してきた。さらに対外資産・負債の規模拡大にともない、それらストックから発生する配当・利子等の所得収支の規模が大きくなった。国際収支統計自体、国際取引の広がりに対応して何度も改訂が重ねられ、現在では、貿易・サービス収支に所得収支を加えた経常収支及び直接投資・証券投資・金融派生商品などから構成される金融収支を中心に構成されている。

国際収支統計と為替相場の関係を見るうえで注意すべき点がある。第1は、国際収支が示す国際取引のすべてで為替取引が発生するとは限らないことだ。「国際取引では原則として為替取引が発生する」と前記したが、そうでない事例も増えている。例えば、日本企業の外国子会社が計上する配当・利益剰余金や外国証券投資の利子・配当などは対外所得収入（第1次所得収入）

として経常収支の黒字を増加させる要因だが、円に転換されず外国で再投資される割合が増加している。そのまま現地で再投資される場合、為替取引は発生しないから、経常収支の黒字は増大しても、円高要因とはならないのである。

第2に、国際収支統計に計上された時期と実際に為替取引が発生する時期は、必ずしも一致しない。例えば貿易収支では、輸出入とも所有権の移転時期を計上時期としているが、輸出入業者は、為替相場を見ながら為替予約により早めに外貨を手当てしたり、取得した外貨の円転時期を遅らせたりしている。統計の計上時期と実際の為替取引の時期は必ずしも一致しないのである。

第3に、国際収支統計に記載されない為替取引がある。国際収支統計に記載される取引は、居住者と非居住者間の取引だ。国外非居住者間で円に絡む取引が行われても、それ自身では国際収支統計には表れてこないのである。

第4に、技術的な話だが、国際収支統計上、経常収支のプラス（黒字増）は資金の流入（円高）要因となるのに対し、金融収支のプラスは資金流出（円安）要因だ。金融収支のプラスは、対外純資産の増加を意味している。例えば米国の資産取得の場合、原則として保有する円を売りドル資金を確保する必要があるから、資金流出・円安要因なのである。

第5に、サプライチェーンの複雑化にともない、国際収支上の国別統計と実際の最終仕向け地との乖離が生じる事例が増えている。この点、貿易収支の国別取引を見る場合に注意が必要だ。

◉貿易・サービス収支の赤字転換

そこで実際の国際収支の動きを確認しよう。**図表4－1**は、国際収支のうちの主要項目と円相場の推移を年度別にまとめたものだが、いくつか重要な変化が読み取れる。まず貿易・サービス収支は、高度成長期以降、長期にわたってわが国の対外黒字を稼いできたが、08年度に赤字に転落して以来、赤字と黒字を繰り返すようになった（08年度の貿易・サービス収支の赤字は現行統計で比較可能な1985年度以降で初めての赤字である）。特に2011年度以降はほぼ毎年赤字を計上するようになって、近年では赤字基調が続いている。このうち貿易収支は、リーマン・ショックを契機とした世界金融危機で08年度に黒字幅を大きく縮小させた後、11年度には現行統計初の赤字を記録し、それ以降赤字を記録することが多くなった。11年3月、東日本大震災が発生し、原子力発電所の稼働が停止したため、代替発電用燃料としての鉱物性燃料の輸入が急増した。それが11年度の赤字転落の発端となったが、第2章で説明した通り、2000年代以降、中国を中心とするアジア諸国からの製品輸入の増大が続いている。アジア諸国からの製品

図表4-1 国際収支と円相場

単位：億円

年度	経常収支					金融収支			円相場 (¥/$)
		貿易・サービス収支			第1次所得収支		直接投資	証券投資	
			貿易収支	サービス収支					
1996	73,709	19,208	87,601	▲68,393	65,047	98,545	25,683	57,501	112.6
1997	131,632	72,769	136,920	▲64,152	69,207	153,992	30,038	▲45,058	122.7
1998	143,495	95,630	160,965	▲65,335	62,454	135,387	14,903	41,090	128.0
1999	136,050	78,494	138,892	▲60,398	68,392	135,703	9,099	▲15,311	111.5
2000	135,804	63,573	117,226	▲53,653	81,604	132,932	54,261	64,373	110.5
2001	113,998	38,567	93,558	▲54,991	81,626	127,151	26,183	116,077	125.1
2002	131,449	63,607	119,243	▲55,635	77,782	126,426	21,212	146,123	121.9
2003	178,305	96,053	135,054	▲39,001	90,453	137,128	31,523	34,662	113.0
2004	192,342	95,624	138,639	▲43,014	106,686	169,630	37,819	1,616	107.5
2005	194,128	74,072	110,677	▲36,604	128,989	163,246	49,532	9,728	113.2
2006	218,865	81,860	121,176	▲39,317	149,811	193,171	78,693	▲151,887	116.9
2007	243,376	90,902	136,862	▲45,960	165,476	255,221	64,399	59,414	114.2
2008	106,885	▲8,878	26,683	▲35,561	129,053	168,446	81,901	250,716	100.4
2009	167,551	48,437	80,250	▲31,812	129,868	168,599	56,538	131,307	92.8
2010	182,687	55,176	80,332	▲25,155	139,260	208,412	65,283	63,573	85.7
2011	81,852	▲50,306	▲22,097	▲28,210	143,085	87,080	97,889	▲61,046	79.0
2012	42,495	▲92,753	▲52,474	▲40,280	144,825	14,719	96,583	▲135,154	83.1
2013	23,929	▲144,785	▲110,455	▲34,330	183,191	▲9,830	148,269	▲209,590	100.2
2014	87,031	▲94,116	▲66,389	▲27,728	200,488	142,128	133,913	51,089	109.9
2015	182,957	▲10,141	2,999	▲13,140	213,195	242,833	162,054	300,342	120.1
2016	216,771	44,084	57,863	▲13,779	193,732	249,964	177,614	51,733	108.4
2017	223,995	40,397	45,338	▲4,941	205,331	208,173	147,206	69,071	110.8
2018	193,837	▲6,514	5,658	▲12,172	217,704	216,213	207,537	69,431	110.9
2019	186,712	▲13,548	3,753	▲17,302	215,078	204,568	190,228	223,190	108.7
2020	169,343	2,571	37,853	▲35,282	194,593	133,034	89,851	▲153,297	106.0
2021	201,419	▲63,979	▲15,043	▲48,936	289,918	180,496	176,644	▲160,454	112.3
2022	90,787	▲231,771	▲177,869	▲53,902	353,150	91,471	182,042	▲85,094	135.4
2023	250,868	▲63,349	▲37,376	▲25,973	355,885	218,316	253,267	88,431	144.6

(注 1) 国際収支は財務省統計による年度計数。円相場は日銀統計により年度平均。

(注 2) 金融収支のプラス（＋）は純資産の増加、マイナス（▲）は純資産の減少を示す。

輸入増大が貿易赤字の底流にあることには注意が必要だ。

一方、サービス収支は一貫して赤字を続けている。観光立国が宣言され、ビジット・ジャパン事業が開始された03年度以降、訪日外国人旅行者の増加にともなう旅行収支の黒字増大により、サービス収支には一時黒字転換の兆しも見えつつあったが、20年度以降コロナ禍で旅行収支の黒字幅が大きく縮小したことや、デジタル関連（コンピューターサービスや専門・経営コンサルティングサービス等）の赤字幅が拡大したことなどから、22年度にかけて赤字幅が再拡大した。23年度に至り、訪日外国人旅行者の受け入れ再開にともない、サービス収支の赤字幅が縮小しているが、デジタル関連赤字は続いている。

貿易・サービス収支の赤字基調を補っているのは第1次所得収支の黒字増大だ。第1次所得収支は、対外金融債権・債務から生じる利子・配当等の収支状況を示している。わが国は世界最大の対外純資産国として、毎年巨額の直接投資収益や証券投資収益を得ている。04年度には、第1次所得収支の規模が10兆円を超えて貿易・サービス収支の黒字額を上回ったが、その後も増加基調を続け、安定的に経常収支の黒字を支えている。23年度の第1次所得収支は35・6兆円を記録した。わが国の経常黒字は続いているものの、黒字をもたらす主体は、05年度以降貿易収支から第1次所得収支に大きく転換してきた。その転換は、一般に貿易立国から投資立国への転換と言われていて、経済成熟期の国の姿だが、いくつか深刻な問題を含んでいる。

本書では、これまで第2、3章で、わが国経済停滞の基本的原因として国際競争力の低下を指摘してきた。国際競争力の低下が、前記貿易・サービス収支の赤字として表面化してきているのである。今のところ所得収支黒字の規模は大きいが、その元となる対外資産を取得するための原資の多くは、貿易・サービス収支の黒字から発生する。しかも素原材料を輸入に依存せざるを得ないのは、資源小国としてのわが国経済の宿命だ。貿易・サービス収支の赤字が長期化すれば、わが国の対外資産取得力も輸入余力も低下する。それは成熟期というより長期衰退の姿である。

さらに、所得収支依存の貿易構造は、国内の分断を加速する可能性が高い。所得収支増加の直接的享受者は、企業と富裕層だ。企業による株主還元は進んでいるものの、その恩恵を受けるのも富裕層が中心で、取り残される人々が少なくない。そもそも、貿易・サービス収支から所得収支依存への転換は、自分で稼ぐことから他国の稼ぎに依存する経済への転換を意味している。広く国民一般の所得を引き上げるためには、もう一度自分で稼ぐ力を高めることが必要だ。それはもちろん簡単ではない。しかし、その課題がかすむようだと、わが国の分断が進み、衰退の早まることが懸念される。

◉増え続けた直接投資

国際収支のもう一つの柱である金融収支は、第１次所得収支を生み出す元となる資産・負債を直接の対象とした国際取引で、具体的には直接投資、証券投資、金融派生商品などの合計だ。金融収支には、為替や市況の変動による資産の評価増減等、取引を反映しない保有額の増減は計上されない。金融収支が示すのは、実際に発生した取引によるフローの動きだけである。また金融収支として通常示される計数は、対外資産・負債それぞれの増減を差し引きしたネットの計数であり、[注1]繰り返しになるが、そのプラスは資金の流出要因である。

以上を踏まえて**図表４－１**の金融収支を見ると、直接投資が安定して伸びてきたことがわかる。直接投資の中心は、わが国企業による海外支店・工場・現地法人の設立、海外企業買収などだ。直接投資は、一貫して対外直接投資実行超（対外資産の取得超過）を続け、資金の流出要因となってきた。その規模は、11年度に経常黒字を上回り、その後は年により差異はあるが、経常黒字を上回ることが増えた。外貨資金の需給で考えると、10年度までは、経常黒字の一部を使っていただけだったものの、11年度に経常黒字を上回って以降、特に近年は、経常黒字で流入した外貨の大部分を直接投資で使っている計算になる。直接投資については、それがわが国産業の空洞化につながるとして、かねてより懸念する声が強かったが、資金需給を通じて円安をもたらす基調的な要因にもなっている。

証券投資は、対外証券投資増にも、逆に対内証券投資増にも大変ダイナミックに動いてきた。投資対象となる証券には、株式と債券がある。一般に、株式への需要は株価見通しに大きく左右されるが、債券は、金利見通し、内外金利差などに影響される。またわが国企業の場合、例えば、リーマン・ショック、東日本大震災等の非常事態が発生すると、対外証券投資を手仕舞い、国内の円手持ち資金として資金還流させることが多く、それが円高要因として作用しやすいと言われてきた。その他金利見通しの誤りなど債券投資に失敗した場合でも、その処分により数字が大きく変動する。為替相場との関係では、株式、債券それぞれについてその変動と背景を確認することが必要だ。外貨資金需給面から考えると、きわめて大雑把だが、経常収支の黒字と直接投資の対外資産取得超がほぼ見合い、証券投資が、為替相場の振幅を大きくする傾向がある、と言えるだろう。

◉ 金融収支の影響が強まった円相場

ここで円相場と国際収支の関係を確認しよう。前記したように、円相場と国際収支の間にはいくつかの重要なずれがあるから、両者を厳密に対応させるのは本来無理がある。ここで見るのは大きな傾向である。歴史的に円相場の変動要因として重要な影響を及ぼしてきたのは、貿易・サービス収支とりわけ貿易収支だった。その黒字の増加が円高をもたらし、黒字の縮小が円高修正につながってきたが、そうした傾向に変化が表れたのは08年度だ。同年度には、リーマン・ショックの影響で貿易黒字が大幅に縮小し、貿易・サービス収支は、現行統計始まって以来の赤字となった。従来の傾向ならば円安が進行するはずだが、同年度はむしろ急速な円高に転換したのだ。

円相場は、２０００年度以降07年度まで１ドル＝１１０～１２０円程度の間で安定していたが、08年度の平均は１００円台まで一挙に円高になった。その後貿易・サービス収支の黒字回復は鈍く、11、12年度には再び赤字を記録したものの、この間を通じてむしろ円高基調が続いた。とりわけ11年度の平均円相場は79円と、歴史的に最も高い円高となった（**図表４－１**の円相場）。この時期から貿易・サービス収支と円相場との直接的な関係が崩れてきたのである。

異次元緩和の始まった13年度以降は一転して円安基調が続くこととなった。それまで70～80円台を続けていた円相場は、一気に１００円台まで円安化し、その後も20年度までは、１００～１１０円程度で安定した。しかし円安転換後は、別のそれまでとは異なる現象が見られるようになった。円安が進んだのに、輸出は伸びず、逆に貿易・サービス収支の赤字が定着するようになったのだ。

08年度以降の貿易・サービス収支と円相場の関係を振り返ると、一方で赤字が円安をもたらし、他方円安が輸出を刺激するという両方向の関係が、いずれも希薄化したことが特色だ。それにはいろいろな理由がある。08年にはリーマン・ショック、11年には東日本大震災という異変が重なったため、日本企業の多くは、緊急対応として国外証券投資の手仕舞いや国外現地法人の内部留保取り崩しなどによって国内手元資金を厚めにする動きをとった。またそれを予想して、投機筋が円買いに走った。それらの動きが貿易・サービス収支の赤字転落とは逆の円高を生んだ一因だが、より基本的には、民間部門で外貨保有の厚みが増して、貿易・サービス収支の変動にともなう外貨需給だけに左右されない状況が生まれていたのだ。また直接投資の増大で、製造業を中心に多国籍展開が広がっていたから、円相場だけが、輸出の決定要因ではなくなっていたのである。

以上のような構造変化がもたらした影響をとりまとめてみよう。一つは、円相場の決定要因として、貿易・サービス収支の重要性が後退して金融収支の影響力が大きくなったことである。その結果、証券投資変動の要因となる株価、金利などが、貿易・サービス収支以上に円相場への影響力を高めるようになった。もう一つは、円相場が与える影響だ。円相場は、輸出入量に与える影響を後退させた一方、国内物価に与える変動を通して、国民生活により直接的な影響を与えるようになったのだ。

◉円相場の決定要因

為替相場は、国際取引の対象となる各種の財・サービス・資産に対する需給によって基本的に決まってくる。問題は、2国間の為替相場は一つだけということだ。経常取引にだけ対応する為替相場や金融取引にだけ対応する個別の為替相場はない。すべての為替取引を総合した結果として単一の円相場が決まるのである。そのことは、ある特定の要因だけで円相場が決まるわけではないこと、言い換えれば、円相場を決める要因はいくつもあることを意味している。

それでは、具体的にどのような要因が円相場を決めるのだろうか。円相場に限らず、為替相場の形成には一般的な傾向がある。以下それらを列挙しよう。

①マクロ経済政策の緊縮政策は円高をもたらし、緩和策は円安をもたらす。

国民経済統計ではよく知られているが、国内民間部門の純貯蓄と財政収支の合計は貿易・サービス収支に等しくなる。これは国内総生産の定義から導かれる恒等式の意味するところだが、マクロ緊縮策をとれば、国内純貯蓄が増えて貿易・サービス収支の黒字が増大する。黒字の増大が外貨の流入増をもたらして円高が実現するというプロセスだ。緩和策の場合は、逆のプロセスで円安がもたらされることになる。

国際取引が財の輸出入主体だった時代には、マクロ経済政策が円相場の形成に大きな影響を与えていたが、前記のように08年度以降、貿易・サービス収支と円相場の直接的な関係は薄れてきたから、貿易・サービス黒字の減少が常に円安をもたらすとは言えなくなった。もっとも異次元緩和の始まった13年度には、貿易・サービス収支の赤字幅が一段と拡大していて、それが急速な円安をもたらす一因となった。異次元緩和は、円安への転換を実現するうえでは、絶好のタイミングで始まったのである。

②物価上昇率の高い国の通貨は安くなり、物価上昇率の低い国の通貨は高くなる。

これは、名目の為替相場は両国間の実質購買力を変えないように動くという前提で理論的に導き出される原則だ。例えば今、円相場を1ドル＝100円としよう。日米のインフレ率をそれぞれ1％、5％とすると、日本で100円のパンは1年後には101円だが、米国では同じパンが1年後に1・05ドルになる。同じパンを交換するのに適当な相場は101円／1・05ドル≒96・2で求められるから、名目為替相場は、100円から96・2円まで円高になってバランスする。逆に名目相場が96・2円まで円高化しても実質相場は横ばいと考えるのだ。ただしこれはあくまでも理論値だ。実際には高インフレ国は高金利となり、高インフレ国通貨の方が海外資金を集めて高くなることも多い。実質相場は実際に実現した相場ではない。インフレ率格差だけに注目した理論値だから、一つの参考ととらえるべき指標である。

③高金利の国の通貨は高くなり、低金利の国の通貨は安くなる。

高い金利を求めて資金が高金利国に集中するから、高金利国の通貨が上がり、低金利国の通貨は安くなる。この傾向は、国際金融取引が自由化され証券投資が大規模になるにつれて強まった。

④米国通貨当局のイニシアチブが中期トレンドを形成する。

ドルは、世界の準備通貨としてドル以外の通貨価値のモノサシとなっている。政治力・軍事力も加味した米国の総合的な経済力は今でも世界一だ。準備通貨国であるとともに総合的な力を発揮する最強国として、米国のイニシアチブが通貨価値の決定に重要な役割を果たしている。

⑤自国通貨安は国内要因から本格化し自国通貨高は他国からの高い評価によって実現する。

円が安くなるのは円が売られるからだ。仮に海外投機筋が円売りを仕掛けるとすると、まず売らなければならない円を確保することが必要だ。例えば海外投機筋が金利の安い円借入によって円を調達し、それを売ってドル預金を積み立てることにしよう（これは円キャリートレードと呼ばれる取引の一例だ）。円ドル金利差分の利益は入るものの、元本の円が高くなれば借り入れた円の実質的な返済負担は一気に高くなる。海外投機筋はもともと短期での利ザヤを狙っている。いつまでも円を借りられるわけではないこともあって、投機資金の原資となる円が枯渇するリスクもある。要するに海外投機筋の円売りは不安定で腰が据わっていないのだ。

これに対し、日本人は円を潤沢に保有している。日本人が円を売るとすると、例えば自分の保有する円建て定期預金を取り崩してドル国債を買うことになる。それはつまりドルに逃避するということだが、多くの場合、いわゆる短期の投機資金とは違うから、いったん海外に逃避した資金はそのまま海外に据え置かれることが多く、強力な円売り圧力になる。日本人が円建て定期預金を取り崩してドルに投資するのはいろいろな動機があって、金利差だけに反応するわけではない。そもそもドル投資には為替差損リスクがある。為替差損リスクを乗り越えてドルに投資するのは、単に投機というだけでなく、国内経済に対する強い不安あるいは不満が動機となっていることが多い。より基本的には、日本人が日本の将来に不安を高めたときに、資金の海外逃避が本格化する。海外投機筋が狙うのはそのときだ。

◉自国通貨の為替非対称性

円を持続的に高めるのは相手国だ。円を高くするにはドルを売らなくてはならない。日本人のドル保有は有限だから、米国人が円を持続的に求めることによって初めて円は高くなる。高度成長期以降、わが国とりわけ製造業は長期にわたって円高圧力と戦ってきた。円高を乗り越えて輸出を続けるには苦労が多かったから、輸出企業を中心に円高は悪だという認識が植え付けられてしまったが、円は海外からの円に対する需要が継続して初めて高くなる。円高は海外からの日本に対する高い評価を示しているのである。

あまり認識されていないので強調したいのだが、通貨発行国は自国通貨を自国の対応だけで持続的に安くすることはできるが、逆に自国の対応だけで持続的に高くすることはできない。自国通貨への信認が失われて円安が進み、通貨防衛を余儀なくされた場合、当該国の外貨準備が底を打てば、その後は外国からの支援（例えば借り入れなど）に依存しなければならない。日本は自ら円安にすることはできても、日本自身で円高を持続させることはできないのである。これは、自国通貨の為替非対称性と称すべき原則で、大変重要だ。

実際円安は、日本人の不安や不満を反映し、円高は海外からの日本に対する高い評価を示していることが少なくない。円安にするのは簡単だが、円高にするのはむずかしいのである。円安、円高、どちらが望ましいのか、あまり単純化せずに、その背景と、もたらしている影響を多面的に考えることが必要だ。

◉国民を貧乏にする円安

ここで改めて円相場が示すことを考えよう。円相場は、国際取引の対象となる財・サービス・資産の交換価格である。財やサービスあるいは資産に特化した個別の円相場はなくて、それらを総合した単一の交換価格だ。一般に労働・資本・土地を生産の三要素と称しているが、国際取引の対象となる財・サービス・資産を総合すると生産要素に収斂する。財やサービス価格を構成する賃金と企業利潤のうち、賃金は労働の対価そのものだ。資本は多義的だが、企業利潤の蓄積を示す工場・機械類のほか、株式・債券・預金などの金融資本が含まれる。土地も現在では国際取引の対象だ。こうして円相場は、わが国生産要素の国際的な交換価格を示している。円高は、日本人の賃金、保有する金融資産、不動産の国際価格が高くなることを意味している。逆に円安は、それらの国際価格が安くなることだ。

わが国は、長い間財の輸出で成長してきたから、前記の通り、輸出企業の立場に立って、財の国際的な競争条件を悪化させる円高は悪と決めつける習性が身についてしまった。その受け止め方は、輸出企業だけでなく政界、メディアでも強い。しかしもう少し広い立場に立って、円高はわが国生産要素の国際価格の上昇であり、円安はその下落であるという視点で円相場を理解することが必要だ。

国際収支統計で見たように、現在の国際取引では財だけでなく、サービス、土地・工場・マンション等の不動産、株式・債券などの金融資産まで取引対象が大きく広がっている。財そのものについても、国際的なサプライチェーンが複雑化した結果、円安のもたらす影響がかつてとは大きく変わってきた。財の輸出が成長の原動力になっていた時代には、円安→輸出増加→

企業利潤増加→賃金上昇→国民生活改善という好循環が生まれていたが、現在の円安は、すでに見たように必ずしも輸出の増加に結びつかなくなった。むしろ円安→輸入物価の上昇→国内インフレ→国民生活悪化さらに日本人労働・国内資産の安売り→対外購買力の低下という問題をもたらしている。円安で、わが国生産要素の国際価格は低下した。賃金も、保有する金融資産も不動産も、国際価格が低下した一方、輸入価格は大幅に上昇して国民生活を圧迫している。円安で日本人は貧乏になったのである。

◉高橋財政と異次元緩和

ここで戦前の「高橋財政」を振り返っておこう。高橋財政を取り上げるのは、異次元緩和との共通点が多いからである。高橋是清は、1913年に発足した第1次山本権兵衛内閣での蔵相就任以来7代の内閣で蔵相を務めたが、そのうち特に犬養毅、斎藤実、岡田啓介と続く3代の内閣で実施した財政運営（31年12月〜36年2月）が、一般に高橋財政と呼ばれている。高橋財政では国債の日銀引き受けに焦点が当てられることが多いが、高橋財政を特色づけるもう一つの柱は、円安誘導による輸出の増加である。そこで、高橋財政期の為替政策について触れておこう。

31年12月の犬養内閣発足に当たり、高橋蔵相は金輸出を再禁止するとともに、それまで金本位制度の下で束縛を受けていた円相場の下落を放任することにした。円相場は、20年代から31年11月までほぼ1ドル＝2円～2円50銭の間で推移していた（31年11月は1ドル＝2円）が、金輸出の再禁止以降下落を始め、翌32年12月には1ドル＝4円90銭まで急落した。33年に入った後、米国で金融恐慌が全国的に広がり、米国自身も金輸出の禁止に踏み切った（同年4月）うえ、平価の切り下げを実施（34年2月）したため、円相場は多少反騰したが、以後30年代を通じて1ドル＝3円50銭を中心に上下する展開となった。

概観すれば、20年代以降1ドル＝2円強程度を長く続けていた円相場が、高橋財政期以降、1ドル＝3円50銭程度まで大きく下落し、それが定着することになったのである。このような円安は、金輸出の再禁止以降、わが国自身が円相場の下落を放任する姿勢を示したこと、さらに32年から33年にかけて公定歩合を4次にわたって引き下げ、金利面からも円安を定着させる環境を醸成したことが影響している。

32年の夏以降、わが国の輸出は顕著な増加を示し、積極財政や金利引き下げの効果と相まって国内景気は回復基調をたどることとなったが、大恐慌で苦しんでいた欧米諸国は、円安をバネにした輸出急増を「ソーシャル・ダンピング」と強く非難した。満州事変、上海事変、満州国建国と続いた軍事・政治行動はわが国の国際的孤立を招いたが、円安による輸出急増は、軍事・政治行動と並んで対外摩擦を大きくする誘因となった。円安は一時的に国内景気の回復をもたらしたが、後の太平洋戦争へつながる重要な伏線となったのである。

為替相場の変動は、自国経済に対してだけでなく、相手国の経済にも直接影響を与えるだけに、対外摩擦を引き起こしやすい。為替政策は、単に経済政策というだけでなく、外交政策の重要な要素を構成している。国内の経済情勢が苦しくなると、為替相場に逃げ道を求める傾向が強くなる。その傾向は、国内政治が安定を失い内向きになるほど強くなる。高橋財政期の円安は、まさにその典型的な事例だった。現在、為替相場について「ファンダメンタルズを反映して市場で決められるべきだ」という国際的コンセンサスがあるのは、論理の必然的帰結としてそうなっているのではない。為替相場をめぐる国際的な混乱と対立の歴史を踏まえ、摩擦の高まりを避けるために生み出された国際社会の知恵の所産なのである。

話題を現代に戻そう。異次元緩和では、金融の量的緩和が実質的に財政ファイナンスの機能を担っただけでなく、大幅な円安がもたらされた。その両者の意味で、異次元緩和の果たした役割は、高橋財政が果たした役割ときわめてよく似ている。異次元緩和については第1章で説明したが、ここではその為替相場との関連を振り返っておこう。

異次元緩和導入前後の為替相場を振り返ると、２０１１年に歴史的高値を記録していた円相場は、自民党の政権復帰と異次元緩和を経て急速に円安化した。年度別に為替相場（平均値）を見ると、10年度85・7円、11年度79・0円、12年度83・1円と円高水準にあったが、異次元緩和の始まった13年度には100・2円と一気に100円台に乗せた後、14年度109・9円、15年度120・1円と急速な円安化が進展した。為替相場は16年度に小反落して安定するが、22年度には135・4円まで円安化した。日銀総裁が黒田東彦氏から植田和男氏に交代した23年度には、144・6円とさらに円安化が進み、本章冒頭で見たように、24年6月下旬には160円まで円安化したのである。

◉国富・国力・円相場

日本の近代化の流れを振り返ると、国力の増強とともに国富が増大したが、その国富を何度か失っている。最も徹底した国富喪失は敗戦だ。第2次世界大戦の戦災では、道路・橋・鉄道などのインフラから工場・家屋・文化財に至るまで物理的に破壊され、明治以降蓄えた甚大な国富が失われた。次はバブルの崩壊だ。バブルの崩壊については第6章で扱うが、わが国は、戦後の高度成長で蓄積した国富の多くをバブルの崩壊で失った。「国富」というのは多義的な概念だが、内閣府経済社会総合研究所の国民経済計算部では、一国全体の正味資産を時価評価し、その計数を国富として公表している。それによれば高度成長期以降の国富は、1990年末３５３１兆円とピークに達したが、以後減少に転じ、２００４年、２６３０兆円でようやく下げ止まった。この間の減少額は９０１兆円、率にして25・５％の減少と巨大な規模となった。[注2]
バブルの崩壊をようやく乗り越えて05年以降徐々に増大してきた国富は、22年から始まり24年で弾みのついた円安で、その国際価格を急激に低下させた。異次元緩和前、80〜90円程度を続けていた円相場は、24年では、１４０〜１６０円程度と大幅に円安化し、その分国富の国際価格は下落するとともに、わが国の対外購買力は低下した。国富は、戦災による物理的破壊、バブル崩壊による資産価格の低下、円安による国際価格低下というかたちで失われている。現在は、前2回の国富喪失とはやや違い、国際価格の低下というかたちだが、日本の近代化以降3度目となる大きな国富喪失を経験している状況だ。しかもこの円安は、人為的にもたらされ、放置されている。現在の円安がもたらしている弊害はもっと認識される必要がある。

前記のように、主要7カ国（G7）財務大臣・中央銀行総裁会議の共同声明では、「為替相場は各国のファンダメンタルズを反映することが望ましい」と繰り返し発表されてきた。ファンダメンタルズは、経済の基礎的諸条件と訳されている。「諸条件」と複数になっているのは、ファンダメンタルズの構成要素が一つだけではないからである。その具体的な構成要素は、国際取引の対象が拡大するにつれて変わってきたが、変わらない基準は総合的な国力だ。実際、長い目で見れば、為替相場は一国の総合的な国力を反映していると言えるだろう。例えばかつて世界の準備通貨だった英国ポンドは、戦後の1ポンド＝1008円だった時代から数次のポンド危機を経て、円安の続く現在でも、1ポンド＝200円程度で推移している（ボトムの2011～12年では1ポンド＝120円台まで低下）。為替相場は国力を反映するが、逆に為替相場が国力を規定する。下落したポンドは、英国資産の国際的価値を引き下げただけでなく、英国の対外購買力を低下させ、その分英国人は貧乏になった。

円相場を見ると、1920年代以降1ドル＝2円程度を長く続けていた円相場が、高橋財政期以降3円50銭程度まで大きく下落し、敗戦でさらに360円まで低下した。その後ニクソン・ショックを経て円高化が進み、一時80円前後まで円高化したものの、2024年の円安で、わが国資産の国際価格が大きく低下したほか、日本の対外購買力が低下し、日本人は貧乏になった。その円安は、戦後積み上げてきた日本の国力の低下を反映している。為替相場について、財の競争条件を規定する指標とだけ見るのは適当でない。24年入り後の円安が放置されて良いはずはないのである。

◉始まった資本の海外逃避

異次元緩和では、公式に円安を目指すとは表明されなかった。しかしもし円安が目標とされていたのだとすれば、（国際的な非難は別として）その目標は達成されたと言えるだろう。実際、異次元緩和以降、円安は放置されてきた。ただ、異次元緩和期当初の円安と末期以降の円安は背景をやや異にしている。当初の円安は、異次元緩和の打ち出し方がある種のショックを与えたことと、貿易・サービス収支の赤字が大幅に拡大し、貿易面でのドル需要に拍車がかかったことが大きいが、一方22年度以降の円安では、貿易・サービス収支の赤字拡大以上に日米金利差が注目されたことが特色だ。

22年度以降の円安の背景を理解するため、家計の金融行動を見てみよう。日銀の資金循環統計で家計の金融資産を見ると（**図表4－2**）、定期性預金の減少が目立つ。定期性預金は、14年度から減少が始まった。当初の減少はわずかだったが、次第に弾みがついた結果、23年度末同預金残高は355兆円と、13年度末（461兆円）比106兆円も減少し、その家計全体（2199兆円）に占めるシェアは16・1％と、13年度末（27・4％）比11・3％ポイント低下した。一方増えたのは投資信託受益証券（投信）だ。20年度以降はフローベースで投信設定が増加したうえ、残高が時価評価で膨らんだから、23年度末残高（119兆円）は家計全体の5・4％、定期性預金の3分の1にまで伸長した。この間株式は、フローベースで見ればむしろ処分超が続いている。家計は株式投資には慎重だったが、保有株式の時価上昇で残高が膨らんだ。

単純化すれば、異次元緩和が始まった13年度以降、家計は定期性預金を取り崩して投信に走

図表4-2 家計の金融資産（年度ベース）

	年度	現金・預金	うち定期性預金	うち外貨預金	債務証券	株式等	投資信託受益証券	対外証券投資	家計資産合計
残高（兆円）	2010	831.8	457.4	6.2	38.3	109.9	60.9	15.8	1559.1
	2011	851.2	459.7	6.4	34.8	111.5	56.8	17.7	1578.3
	2012	866.8	460.3	6.7	31.7	136.7	65.1	18.9	1642.8
	2013	884.9	460.8	6.5	29.1	153.6	69.4	18.9	1679.0
	2014	903.8	460.8	5.9	26.9	176.3	80.9	20.0	1752.7
	2015	919.0	457.6	5.7	25.5	172.0	73.3	18.5	1754.4
	2016	940.2	448.4	5.9	25.6	183.3	72.1	21.0	1789.8
	2017	960.6	438.7	6.6	24.2	220.6	72.2	21.9	1848.1
	2018	979.6	426.1	6.9	25.3	191.0	70.6	22.6	1846.1
	2019	1000.6	413.7	7.4	27.0	148.8	62.7	20.9	1817.7
	2020	1057.7	401.8	7.9	26.9	209.8	82.0	23.7	1967.4
	2021	1088.4	386.7	7.2	25.6	221.5	90.9	27.1	2026.1
	2022	1105.9	372.1	6.5	27.1	234.2	90.8	26.5	2053.1
	2023	1118.4	355.0	6.8	28.9	313.1	119.4	33.6	2199.1
残高シェア（%）	2010	53.3	29.3	0.4	2.5	7.0	3.9	1.0	100.0
	2011	53.9	29.1	0.4	2.2	7.1	3.6	1.1	100.0
	2012	52.8	28.0	0.4	1.9	8.3	4.0	1.2	100.0
	2013	52.7	27.4	0.4	1.7	9.1	4.1	1.1	100.0
	2014	51.6	26.3	0.3	1.5	10.1	4.6	1.1	100.0
	2015	52.4	26.1	0.3	1.5	9.8	4.2	1.1	100.0
	2016	52.5	25.1	0.3	1.4	10.2	4.0	1.2	100.0
	2017	52.0	23.7	0.4	1.3	11.9	3.9	1.2	100.0
	2018	53.1	23.1	0.4	1.4	10.3	3.8	1.2	100.0
	2019	55.0	22.8	0.4	1.5	8.2	3.4	1.1	100.0
	2020	53.8	20.4	0.4	1.4	10.7	4.2	1.2	100.0
	2021	53.7	19.1	0.4	1.3	10.9	4.5	1.3	100.0
	2022	53.9	18.1	0.3	1.3	11.4	4.4	1.3	100.0
	2023	50.9	16.1	0.3	1.3	14.2	5.4	1.5	100.0
フロー（兆円）	2010	13.5	▲2.3	0.3	▲3.6	0.2	2.4	1.0	16.7
	2011	19.4	2.3	0.2	▲3.5	▲0.6	▲2.6	2.1	18.0
	2012	15.8	0.6	0.3	▲3.3	▲1.8	1.6	▲0.6	17.1
	2013	18.1	0.5	▲0.2	▲2.5	▲5.6	3.8	▲0.3	10.9
	2014	18.9	▲0.0	▲0.6	▲2.3	▲6.6	5.8	0.5	22.9
	2015	15.2	▲3.2	▲0.2	▲1.6	▲4.1	1.0	0.9	16.1
	2016	21.2	▲9.2	0.2	0.2	▲2.9	▲2.7	2.0	25.1
	2017	20.4	▲9.7	0.6	▲1.3	▲4.7	0.1	1.6	18.3
	2018	19.0	▲12.5	0.3	1.1	▲0.9	▲1.5	1.6	27.2
	2019	21.0	▲12.5	0.5	1.8	▲1.3	▲1.1	0.5	24.1
	2020	57.1	▲11.9	0.5	0.0	▲0.8	3.2	▲1.4	56.9
	2021	30.7	▲15.1	▲0.8	▲1.1	0.5	5.4	1.5	39.2
	2022	17.5	▲14.6	▲0.6	1.7	1.1	4.8	0.9	21.5
	2023	12.5	▲17.0	0.3	1.9	▲4.3	7.7	▲1.7	22.5

(注 1) 日銀資金循環統計による。
(注 2) 非掲載の項目があるため掲載項目の合計は資産合計に一致しない。

ったのだ。24年4月以降もこうした動きが続いているに違いない。増加した投信の中には外国投信も少なくないから、その対外証券投資が最近の円安をもたらす一因となったのだ。注目されるのは、23年度に定期性預金の取り崩しと投信の増加に、それぞれ拍車がかかっていることだ。23年度中定期性預金は17兆円減少した。一方投信は、フローベースの取得超過額が7・7兆円まで膨らんだ。それはなぜだろうか。

背景にある重要な変数は消費者物価だ。消費者物価上昇率は22年度以降2％を上回っている。ゼロ金利でも物価が上がらなければ預金の実質目減りはないが、2％の物価上昇以降目減りは深刻だ。定期性預金の取り崩しとその運用に迫られる人が22年度以降大きく増えた。その動きに拍車がかかって23年度には、定期性預金の取り崩しが進む一方、投信の大幅増加になったのだ。24年入り後の円安について、一般的には日米金利差が原因と言われている。表面的にはその通りだが、円安の背後にある本質的な問題は、日米両国の金利差というよりわが国金利の状況だ。より正確には、22年4月以降の2％を超える物価上昇と整合的な金利水準が実現していないことが問題の本質だ。

経済実態に見合った金利が形成されていない金融市場では歪みが生じる。その歪みが為替市場に染み出ているのである。新NISAの開始（24年1月）は外国投信の増加に拍車をかけているが、一つのきっかけにすぎないから、その管理を強めても円安退治にはならないのだ。

2%物価上昇定着を目指すなら、それに見合った金利が必要だが、異次元緩和では物価上昇への対応が放置されてきた。植田和男新総裁誕生後の1年間も放置されたままだった。物価にも金利にも曖昧な対応が国民の不安や不満を高め、資金の海外流出につながった。介入や米金利低下観測で一時的に円安が是正されても、根底にある国内預金者の不満が解消されなければ、円売り圧力は続く。

物価と整合的な金利水準をどう考え、どう実現していくのか、それを説明するのは日銀の役割だ。日銀は、24年3月マイナス金利を解除した後、7月には0・25%に政策金利を引き上げたが、物価上昇率との乖離は引き続き大きいままだ。異次元緩和から始まった円安は、今や国民の資本逃避につながってきた。現在の円安はバブル崩壊に次ぐ国富喪失をもたらしているが、それ以上に資本逃避は亡国の兆しだ。わが国の経常収支にはゆとりがある。先行きドル金利が下がることもほぼ間違いない。それにもかかわらず介入を余儀なくされることの異常さを認識すべきだろう。すでに実施された巨額の介入は本格的な円防衛の前哨戦ではないのだろうか。

◉介入の効果と限界

ここで介入の効果と限界を取り上げることとしよう。介入とは、通貨当局が自らの計算により外貨の売買を行うことである。市場での相場形成はしばしば行き過ぎることがある。投機熱が高まり相場が乱高下して市場が混乱する。こうした動きに対し、介入は投機熱を冷まし、市場の行き過ぎを防止することを目的に、投機的な動きに対する反対売買として行われる。

介入の効果については懐疑的な見方も少なくない。介入の規模が、市場全体の規模と比べて小さいことが理由として挙げられることが多いが、介入を市場規模との対比だけでとらえるのは適当ではない。そもそも介入の規模自体、きわめて大きくなった。財務省は、介入の実施状況を公表している（「外国為替平衡操作の実施状況」）。それによれば、24年4～6月中の介入額は、9兆7885億円という巨額なものだ。4月29日と5月1日の2日にわたり、いずれもドル売り円買いだ。東京外為市場のドル／円直物取引高は、23年中の1日平均で46億ドル、多いときで135億ドルだったが、これに対し介入額は2日間で、600億ドルを超えている（1ドル＝160円として試算）。ドル／円取引は世界中で行われている。その取引額を合計すれば、東京市場の何倍になるとしても、当日の市場へのインパクトは決して小さくないはずだ。

もう一つは、投機資金と介入資金の性格の差だ。投機資金は一定の時間差を置いて、その反対取引を必然的にともなうのに対し、介入資金は、売り切り・買い切りだ。例えば、投機主体がある通貨の値上がり期待を持ってその通貨を購入したとしよう。その期待通りに当該通貨が上昇すれば、投機主体はそれを売って値上がり益を確定する。当初の取引との反対取引があって初めて利益が確定するから、投機主体としては、市場の空気が変わる前に反対取引をして利益を確保することを宿命として背負っている。したがって投機資金は、その表面的な金額がいかに巨大なものであっても、一定のタイムスパンの中で見れば売りと買いが一致するという意味で市場に対するネットの効果はゼロである。一方、介入資金は反対取引を考えていないから、市場に対して必ず一定の効果を持つ。人気投票に例えれば、投機は浮動票、介入は固定票である。表面的な金額だけでは比較できないのである。

介入はしばしば大きなシグナル効果を持つことにも注意が必要だ。通貨当局の強い意志の表れとして介入をとらえれば、それは、通貨当局から市場に対する無視することのできないシグナルと考えられる。「無視できない」という意味は、無視ないし軽視することは自由だが、その結果、損失を被る可能性も高いということである。こうした見方で介入をとらえれば、介入は、少なくとも短期的には一定の効果を持つのである。

その一方で、自国通貨の買い介入は無限にはできないことも知っておくべきだろう。自国通貨が市場で売り圧力にさらされ下落が行き過ぎる場合、通貨当局は市場で自国通貨の買い介入を行うが、このためには自国通貨を買う対価として自ら保有する外貨準備を売却しなければならない。したがって、新たな外貨準備の調達がない限り、自国通貨の買い介入は現在保有する外貨準備の量によって制約を受けることになる。この点は、基軸通貨国である米国でも同様だ。

仮にドルの下落阻止を狙ってドルの買い支えを行うようなことがあれば、米国としてはドル買いの対価としてドル以外の主要通貨がどうしても必要だ。ある国の通貨に対する信認が根本的に崩れた場合には、介入だけで相場を維持することはむずかしい。とりわけ当該国自身の国民が当該国に対する信認を失い、資本逃避を本格化させれば、介入はその効果を失うのである。当該国の経済運営全体に関する信認を回復させるような他の政策と相まって、初めて介入は長期的な効果を持つ。

◉為替相場と株価

24年夏の株価暴落では、1日の株価下落幅が史上最大となった。株価暴落の背景については米国景気の悪化懸念による米国株価の下落が発端とされているが、日本株の下落がことのほか大きくなったのは、米国景気の問題よりも日本国内の問題が大きかったからだと考えられる。日本国内の問題とは、株価暴落の直前に公表された国内金利の引き上げにともなう国内景気の悪化懸念である。日銀は景気に配慮するなら金利を引き上げにくい。しかし、円安進行によるインフレを抑制するには金利の引き上げが必要だというジレンマに陥っていた。それはいわば異次元緩和からの宿題だが、インフレへの対応が進まないまま円安が進行したことで金利の引き上げを余儀なくされた。それが株価暴落の伏線となったのだ。

その後株は反発したものの、24年9月現在気迷い感の強い展開が続いている。為替相場の方はいったん急速な円安修正が実現した後は、米ドル金利の動きに左右される不安定な動きとなっている。円安をもたらす動きの背景にインフレによる預金額の実質目減りに対する不満が潜んでいるとすれば、それが修正されない限り、円定期預金取り崩しの圧力は続き、市場撹乱的な影響を及ぼすだろう。インフレ率が2％を超えて預金額の実質目減りが激しく進んでいる状況では、日本人がより高金利を求めて海外通貨に向かうのは自然の流れだからである。

リーマン・ショック以降の日本経済を振り返ると、デフレが諸悪の根源という誤った認識が異次元緩和を生んだ。停滞の実態は国際競争力の後退だったから、それが貿易・サービス収支の赤字転換というかたちで表面化した。異次元緩和では、円安が放置され、日本は貧しくなった。上昇したインフレ率も放置されたままの期間が長かったから、資本逃避が発生し、円安の急激な進行となった。こうして介入を余儀なくされたのだ。この間の一連の動きは、国が衰退するときの混乱の姿を示している。金利の引き上げも巨額の介入も、急激な円安防止のためにやむなく実施されている。それはまさに円防衛そのものであった。

注1　例えば証券投資についてみれば、居住者による外国証券の取得で増え、処分で減少する。これらは対外資産サイドの増減である。また非居住者による国内証券投資も同様に取得で増え、処分で減少するが、これらは対外負債サイドの増減である。国際収支統計上の証券投資は、本邦居住者による外国証券投資（対外資産）の増減から非居住者による国内証券投資（対外負債）の増減を控除したネットの計数で示される。直接投資についても、通常示されるのは、対内・対外それぞれにつき発生する実行・回収という合計四つの取引を総合したネットの計数である。実際何が起きていたかを正確に把握しようとすれば、それぞれの項目につき、グロスの計数を確認することが必要だ。

注2　「国民経済計算ストック編」統合勘定2000年基準による。同基準では1980～2009年までの計測となっており、一方15年基準では、1994～2022年までの計測となっているため、近年の計数と1993年以前の計数とは連続していない。

第5章

人口減少——問われる選択

第2章から第4章までは、日本を取り巻く国際環境の大きな変動に焦点を当ててきたが、日本の国内に目を転じると、1990年代後半から新たな停滞圧力が登場してきたことに注目する必要がある。それは人口減少だ。人口減少は、その後現在に至るまで日本経済の活力を損なう構造要因として作用し続けてきた。その影響は今後ますます大きくなる。成長率を主要なモノサシとすれば、「失われた30年」などという生易しいものではなくて、「失われた百年」が実現する可能性が高い。本章では人口減少問題を取り上げよう。

◉加速する人口減少

最初に人口の推移を概観しよう。5年ごとに実施される国勢調査によれば、わが国総人口のピークは2010年、1億2806万人である。その後2015年、20年と減少を続け、20年の総人口は1億2615万人となった。2010年から20年にかけての10年間で、総人口は191万人の減少だ。年平均減少数は19万人、同減少率は0・15％である。総人口はその後も減少を続け、24年3月には1億2400万人となった（総務省統計局による人口推計確定値）。24年3月の水準を前年同月と対比すると、1年間で56万人、0・45％の減少だ。減少数、減少率とともに、2010～20年における年平均減少数、同減少率を上回り、人口減少に弾みのついてきたことがよくわかる。20年以降はコロナ禍があって、わが国人口推移にもその影響が及んでいる可能性はあるが、人口減少の加速という基本的な姿に変わりはない。24年4月の鳥取県人口が53万人だから、日本全体では、最近1年間だけで鳥取県1県分を上回る人口が失われたことになる。

総人口のうち日本人人口に着目すると、その国勢調査上のピークは、総人口のピークとなった2010年より5年早い05年で、1億2573万人だったが、その後減少に転じ、24年3月には1億2079万人となった。24年3月の水準をピークと比べると494万人、3・9％の減少だ。前年同月と比べると、1年間で84万人、0・69％の減少と、総人口以上のスピードで減少を続けている。[注1]

年齢3区分別に見ると、15歳未満人口は、少子化の影響を最初に受けて1980年以降減少を続け、2024年3月には1402万人とピーク時（1955年、3012万人）の半分以下の規模に縮小した。[注2] 人口の主力をなす生産年齢人口（15～64歳）は、1995年、8716万人がピークだったが、その後減少に転じ、24年3月には7374万人となった。ピークと比べ、1342万人、15・4％の大幅減少だ。また65歳以上人口は、戦後一貫して増加を続けたものの、22年に3624万人を記録した後、翌23年には3623万人と減少に転じ、以後減少を続けている。65歳以上人口の急増は、戦後わが国人口動態の特色の一つだったが、その65歳以上人口も23年には減少に転じた結果、今や年齢3区分別のすべてで減少が続くようになった。

なお年齢区分別人口の割合を見ると、20年国勢調査時点では、15歳未満人口の割合は11・9％と世界で最も低く、一方65歳以上人口の割合は28・6％と世界で最も高い水準だった（「2020年国勢調査結果の概要」）が、24年3月では、15歳未満人口の比率は11・3％、65歳以上人口の比率は29・3％と、それぞれ世界の最低、最高水準を更新した。

以上のように、日本の人口の足取りを振り返ると、近年では1995年に生産年齢人口、2005年に日本人人口、2010年に総人口が、それぞれピークを記録し、その後減少を続けてきた。23年には65歳以上人口も減少に転じ、総人口の減少が加速している。今後人口減少はさらに本格化する。世界の主要国の中で、わが国ほど急速かつ大規模に人口が減少している国はない。人口減少という未知の環境に直面しているという意味で、わが国は今世界の最前線に位置している。

◉人口減少とマクロ経済

ここではまず、人口減少がマクロ経済に与える影響を概観しよう。経済人としてのヒトは、生産者、消費者という二つの顔を持っている。経済上の人口減少とは、生産者、消費者が減ることである。生産者としてのヒトは、財・サービスを提供する供給サイドの役割を担っているから、人口が減ると供給能力が落ちてくる。マクロ経済では、一国全体の供給能力の低下を潜在成長率の低下と称している。次に消費者としてのヒトは、財・サービスに対する需要を生み出す源泉だ。消費者としてのヒトが減れば需要が落ちる。マクロ経済的に見れば、国内消費市場が縮小する。

以上が基本だが、その基本から派生する影響も重要だ。生産者の減少は、同時に所得を生み出すヒト＝納税者の減少を意味している。納税者としてのヒトが減れば税収が落ち、対応策をとらない限り財政赤字が拡大する。一方消費者が減って消費市場が縮小すれば、その消費目当ての投資も縮小する。人口減少は、消費需要だけでなく投資需要も低下させるのである。

こうして人口減少社会では、供給、需要両面から経済を縮小させる力が働くことになる。もちろん縮小圧力への対応策がないわけではない。供給能力の低下に対しては、高齢者や女性の就業促進や生産性の上昇等で対応に工夫の余地がある。また国内消費市場の縮小に対しては、輸出の増加やインバウンド観光の促進によって世界の需要を取り込むことができる。しかしそのいずれも持続させるのは簡単ではない。人口は、経済・社会の基層を構成する最も本源的な要素だ。その人口が増加から減少へと大転換するときは、一大変革を経済・社会に及ぼすことになる。実際わが国の人口減少は、すでにわが国の成長率を引き下げる圧力として作用してきた。以下では、人口減少がわが国経済に与えてきた影響を具体的に確認しよう。

◉潜在成長率の低下

供給側から問題となるのは潜在成長率だ。一国の潜在成長率とは、景気循環の影響をならしてみた平均的な供給力の伸び率だ。それは、生産要素である労働と資本のほか生産性の伸びに大きく左右される。例えば日銀の推計によると（図表5－1）、1980年代後半4％台だったわが国の潜在成長率は、90年代後半以降急速に落ち込み、2000年度以降は1％を下回るようになった。さらに05年度からは23年度まで0・5％前後で推移している。潜在成長率は、中長期的に見て安定的に持続できる経済活動の伸びを供給側から推計したものだから、需要側から積み上げて計算される実際の成長率とは異なることも多い。

需要が不足し、労働や資本の利用がその本来的な能力を下回っているときの成長率は潜在成

図表5-1　潜在成長率の推移

年度	潜在成長率	全要素生産性	資本ストック	労働時間	就業者数
	前年比、%	前年比寄与度、%	前年比寄与度、%	前年比寄与度、%	前年比寄与度、%
1985～1989(年度平均)	4.26	1.37	2.34	▲0.25	0.80
1990～1994(同上)	2.83	1.01	2.09	▲0.82	0.56
1995～1999(同上)	1.20	0.75	0.82	▲0.40	0.02
2000～2004(同上)	0.94	1.07	0.29	▲0.27	▲0.15
2005～2009(同上)	0.54	0.64	0.29	▲0.29	▲0.12
2010～2014(同上)	0.56	0.86	▲0.26	▲0.18	0.14
2015～2019(同上)	0.48	0.17	0.34	▲0.47	0.44
2020	0.19	0.24	0.12	▲0.45	0.28
2021	0.26	0.47	▲0.01	▲0.38	0.18
2022	0.43	0.59	0.07	▲0.34	0.11
2023上半期	0.62	0.61	0.18	▲0.25	0.07

(注)日本銀行推計(年度半期別)の計数を平均して筆者算出。

長率以下の伸びとなるし、逆に未稼働リソースが多い状況で需要が増えれば潜在成長率を上回る伸びを達成できる。潜在成長率自体、その時々の生産要素や生産性の影響を受けて変動する。ある時点で計測された潜在成長率を不動の安定成長率と考える必要はないが、問題は、推計されたわが国の潜在成長率が、90年代後半以降大幅に低下してきたことだ。日銀推計は、現在のわが国が、年間１％の成長もむずかしい低成長経済になっていることを示している。他の機関による推計でもほぼ同じような結果となっているが、潜在成長率は、なぜここまで低下したのだろうか。

　日銀推計で潜在成長率を引き下げた要因を見ると、１９８０年代後半以降労働時間の短縮が一貫してマイナスの寄与度を続けている。

また資本ストックの寄与度は、1980年代後半から90年代前半にかけて2％ポイント以上潜在成長率を押し上げていたものの、最近では、その寄与度がゼロ％ポイント近傍まで低下している。90年代後半以降、わが国製造業は直接投資による海外展開を強め、その分国内設備投資は手薄になった。それが、資本ストックの伸び悩みとなって潜在成長率を引き下げる方向に作用したのである。

一方就業者数は、2000～09年度を除くと、最近でも潜在成長率を引き上げる方向に寄与している。わが国の就業者数は、高齢者や女性の就業増加によってこれまでかろうじて増加してきたから、人口減少→就業者数減少→潜在成長率低下という姿は、計測上はなお顕在化していない。しかし1980年代後半には1％ポイントに近かった就業者数の成長率寄与度は、最近ではほとんどゼロ％ポイントに近づいている。人口減少は、これまでのところ就業者数の減少としてではなく、その伸び悩みとしてわが国の潜在成長率を引き下げてきたのである。人口減少は今後本格化し、いずれ就業者数の減少として表面化してくるだろう。その場合には、現在0・5％前後の潜在成長率にはさらに大きな下方圧力がかかる。生産性や資本ストックの伸びがなければ、潜在成長率そのものがマイナス成長の領域に突入するかもしれない。日銀推計の意味するところは大変深刻だ。供給能力の限界から、現在のＧＤＰの水準を維持できなくなる可能性が迫っているのである。

◉消費・投資の縮小

以上は供給面から成長率を考えたものだが、人口減少は、需要面からも成長率を引き下げる力として作用してきた。消費の主役となる生産年齢人口は、１９９０年代後半以降減少に転じたが、その減少と並行して主要な食料やアルコール飲料の国内消費が減ってきた。生産年齢人口の減少が経済に与えた影響を見るには、端的に食料とアルコール飲料の消費量をたどるのがわかりやすいだろう。わが国食料消費の推移を見ると（**図表５―２**）、１９９０年代前半までは傾向的に増加してきたが、その後半以降減少傾向に転じた。主食となる穀類消費は、93年度にピークを打って減少に転じ、２０２１年度では、ピークに比べ、２割近い落ち込みとなった。魚介類と肉類の合計も、１９９０年代後半以降頭打ちとなり、２０２０年代では、同じく２割近く減少している。酒類販売（消費）数量も（**図表５―３**）、ピークとなったのは１９９６年度で、その後は減少傾向をたどった。酒類の中で一番大きなウェイトを持つビール（ビール＋発泡酒）は94年度がピークで、その後は減少を続けたため、２０２１年度ではピークの35％まで純減した。同年度の清酒消費は、１９９０年度のわずか30％だ。

食料や酒類に対する消費需要が、１９９０年代後半以降、減少傾向を示し始めたのには、バブルの反動、景気の停滞、健康志向の高まりなども響いていただろう。しかし、ほぼすべての

図表5-2 食料消費量の推移［全国］

単位：千t

	穀類	野菜	牛乳及び乳製品	果実	魚介類	肉類	(参考) 魚介類＋肉類
1990年度	12,791	13,324	10,286	4,797	4,636	3,212	7,848
1991年度	12,813	13,097	10,520	4,519	4,502	3,269	7,771
1992年度	12,819	13,355	10,399	5,017	4,570	3,348	7,918
1993年度	12,852	12,880	10,437	5,079	4,681	3,392	8,073
1994年度	12,612	12,957	11,253	5,559	4,899	3,492	8,391
1995年度	12,811	13,281	11,454	5,296	4,933	3,575	8,508
1996年度	12,807	13,174	11,745	5,060	4,901	3,543	8,444
1997年度	12,686	12,858	11,762	5,313	4,706	3,513	8,219
1998年度	12,484	12,570	11,680	4,943	4,485	3,554	8,039
1999年度	12,526	12,951	11,786	5,335	4,530	3,612	8,142
2000年度	12,506	12,889	11,960	5,271	4,717	3,651	8,368
2001年度	12,354	12,824	11,835	5,638	5,116	3,539	8,655
2002年度	12,230	12,317	11,841	5,347	4,794	3,623	8,417
2003年度	12,251	12,122	11,875	5,081	4,614	3,603	8,217
2019年度	10,998	11,298	12,053	4,291	3,193	4,228	7,421
2020年度	10,587	11,176	11,900	4,307	2,958	4,231	7,189
2021年度	10,614	10,754	11,847	4,070	2,914	4,271	7,185

(注) 食料消費量＝(国内生産量＋輸入量－輸出量±在庫の増減量－飼料用－種子用－加工用－減耗量)×歩留り。
※歩留りとは、通常の食習慣において廃棄される部分(キャベツの芯など)を除いた可食部の全体に対する割合のこと。
(出所) 農林水産省「食料需給表」

主要品目にわたって減少傾向となったことや、景気の回復が始まった２００２年度以降も減少傾向が続いていたこと、などから考えると、消費減少の背景にあった基本要因は、消費需要の主体となる生産年齢人口の減少だ。食べ盛り・飲み盛りの消費者が急速に減っているのである。

食料やアルコール飲料は、計数が具体的に確認しやすいため代表例として示したが、その他多くの生活関連財・サービスに対する需要も減少し、わが国の成長率を引き下げる

図表5-3 酒類販売（消費）数量の推移［全国］

単位：千kl

	合計	ビール＋発泡酒	焼酎	清酒	リキュール類	果実酒類	ウイスキー類	みりん	合成清酒	雑酒	スピリッツ類
1990年度	9,035	6,464	526	1,373	122	134	255	85	21	8	46
1991年度	9,281	6,745	512	1,372	123	127	243	87	21	9	43
1992年度	9,427	6,864	543	1,369	134	124	230	87	27	9	41
1993年度	9,380	6,759	589	1,362	149	121	231	88	37	9	36
1994年度	9,642	7,074	606	1,257	193	136	205	85	43	11	33
1995年度	9,603	6,937	648	1,262	222	157	191	87	51	16	32
1996年度	9,657	6,986	690	1,213	236	172	173	89	52	17	30
1997年度	9,410	6,761	692	1,122	244	239	164	93	51	17	27
1998年度	9,456	6,783	689	1,052	262	313	166	96	52	19	24
1999年度	9,554	6,786	721	1,030	344	293	157	126	55	19	23
2000年度	9,520	6,760	734	977	381	282	145	138	58	16	27
2001年度	9,556	6,779	792	933	447	266	135	103	60	15	27
2002年度	9,473	6,611	833	889	543	271	122	100	62	15	26
2003年度	9,120	6,186	921	826	580	247	112	104	63	43	38
2019年度	8,128	2,820	754	451	2,400	362	192	93	24	418	614
2020年度	7,828	2,386	725	417	2,561	358	175	92	20	385	709
2021年度	7,721	2,457	695	408	2,426	363	173	90	18	321	770

（出所）国税庁「国税庁統計年報書」

方向に作用してきたに違いない。生産年齢人口の減少は、単に食料や酒類だけでなく、広く消費需要を落として慢性的な需要不足経済をもたらした。日本の総人口が国勢調査でピークとなったのは２０１０年だが、わが国は、生産年齢人口がピークとなった１９９５年の時点で、人口減少社会と実質的に向き合い始めていたのである。

それだけではない。空洞化と言われた製造業の海外移転が90年代後半以降活発化し、その分国内設備投資の伸びが鈍化したが、それにも人口減少の影響が及んでいる。製造業の海外移転には、為替相場、内外人件費格差等種々の要因が影響するが、市場の発展可能性も重要な要素だ。わが国企業の多くは、人口減少で市場の縮小が見込まれる国内よりも、大きな発展の可能性がある海外市場での投資拡大による成長を目指したから、その分国内設備投資は手薄になった。国内設備投資の減少は、それ自身需要の減少として成長率の引き下げ要因となったが、それが累積した結果、資本ストックが伸び悩み、供給側の潜在成長率が低下した。人口減少は国内設備投資の減少をもたらす一因となって、需要、供給両面からわが国成長率を引き下げる方向に作用したのである。

こうして人口減少がわが国経済に与えた影響を見ると、まず需要面では消費、次いで国内設備投資を抑制することによって成長率を引き下げた。一方供給面では、就業者数の頭打ちと国内設備投資抑制による資本ストックの伸び悩みをもたらし、労働と資本の両面から潜在成長率を引き下げた。人口減少は、日々の動きとしてはわずかだから、その変化を明確に認識しがたいが、一定期間経ってみると大きな影響を与えていることが特色だ。そうした人口変動の特色を踏まえると、いつからどの程度影響を及ぼしたか計量的に示すのはむずかしいが、消費への影響が具体的に認められるようになった１９９０年代後半以降すなわち生産年齢人口が減少に転じて以降、人口減少が、わが国成長率の低下をもたらす重要な要因になったと考えられる。

「失われた30年」と言われる期間のうち、最初の10年強はバブルがはじけ、その後遺症に苦しんだ時代だったが、1990年代後半以降新たな停滞要因として登場してきたのが人口減少だ。人口減少はこれから本格化する。加速している人口減少の動きを踏まえると、近い将来就業者数が頭打ちから減少に転じるだろう。生産性や資本ストックの伸びに大きな改善がなければ、現在0・5%前後の潜在成長率は、マイナスの領域に転じる可能性が高い。人口減少にともなう経済停滞にどう対応するか。そもそも人口減少にどう対応するか。人口問題に文字通り国の浮沈がかかってきたのである。

◉人口減少と物価

人口減少は、物価に対してどのような影響を与えるだろうか。より正確に述べれば、人口減少は、一般物価の水準にどのような影響を与えるだろうか。

仮に、一般物価の上昇も、その下落も貨幣的現象であり、一般物価水準は貨幣の量によって決まると考えれば、こうした設問自体が愚問になるだろう。人口減少は、せいぜい人口減少によって生じるある特定の財・サービスに対する需要や供給の変動を反映して、当該財・サービスの相対価格の変動をもたらすだけであって、一般物価水準自体は、別途貨幣の量によって決まるはずだからである。しかしそうした貨幣数量説の考え方を基本とした異次元緩和は10年かけて大規模な貨幣量の増大を続けても、ついに一般物価水準の引き上げに成功しなかった。異次元緩和が物価の引き上げに失敗した事実を踏まえると、一般物価の水準決定には、貨幣の量だけではなくて、もっと実体的な要因が影響していると考えるべきだろう。

そこで改めて、人口減少という実体的な要因が一般物価水準にどのような影響を及ぼすかを、需要、供給両面から考えてみよう（以下、一般物価水準を単に物価と表記）。もちろん物価は需要と供給だけで決まるわけではない。例えば、コスト面を考えると、賃金が重要な影響を及ぼしている。輸入物価という国外要因も物価の決定要因の一つだが、ここでは人口と物価・賃金の関係に絞って考えることとし、その他の条件を一定としよう。人口が減って消費需要が落ちてくれば、需要不足となって需給は緩和し、物価下落の圧力が高まるだろう。この場合には、賃金にも下落圧力が加わるだろう。一方人手不足から供給が足りなくなれば、需給は逆に引き締まり、物価・賃金には上昇圧力が加わるだろう。需要が減っても供給が減っても成長率は低下する。しかし、需要と供給どちらの要因の制約をより多く受けたかによって、物価に与える影響は異なってくるはずなのである。

一般に、人口減少にともなう需要不足によって成長率が低下する場合には、物価にも賃金にも下落圧力が高まるだろう。逆に人口減少にともなう供給不足が制約となって成長率が低下する（あるいは成長率が高まらない）場合には、物価にも賃金にも上昇圧力が高まるだろう。

人口減少は、理屈の上では物価を引き下げる方向にもまた逆に引き上げる方向にも作用するわけだが、現実に生産年齢人口が減り始めた90年代後半以降のわが国経済を振り返ると、バブルが崩壊し、その後遺症で地価や株価の下落が続いていた期間は消費や投資が伸び悩み、需要不足で苦しむ局面が多かった。金融システムの大きな混乱が発生した後は、需要不足の影響がさらに強まって、深刻な不況になった。こうした経済環境の中で進行した生産年齢人口の減少は、消費需要の減退や製造業の海外移転をもたらして、需要不足とその結果である需給緩和を強める一因となった。その意味で生産年齢人口を中心とする人口の減少は、物価が実際に上昇した2022年以前の大部分の時期において、わが国の成長を阻害するとともに、物価の下落圧力としても作用してきたと考えられる。

◉ニューノーマルの経済政策

人口減少社会はそもそも成長がむずかしい社会だ。経済の現状について、ニューノーマル、新常態、低圧経済などといろいろな呼称があるが、基本は、成長がむずかしい社会、低成長経済になったという意味だ。ニューノーマルの中核に人口減少がある。ヨーロッパの主要国でも、人口が伸び悩み低成長経済に移行しているが、わが国では、その変化がきわめて急速なことが特色だ。ヨーロッパの主要国では、少子化傾向がすでに19世紀後半から現れ始め、人口問題がはるかに古くからまた多面的に検討されてきた。戦後の経済成長も日本ほどの高度成長ではなかったから、低成長経済への移行も日本ほどの急坂ではない。

日本の場合、高齢化の進行や出生率低下がきわめて急速で、今や人口減少では世界のトップを走っている。成長率も、高度成長時代の10％からバブルの時代の5％を経験して新常態1％以下へと、その落ち込みが短期かつ急激だっただけに、ニューノーマルへの社会的・経済的適応も簡単ではない。低成長に起因する景気停滞感も漂いがちだ。

今後の経済を展望すると、潜在成長率の推計が示すように、当面は0・5％前後の成長が続く可能性が高い。もちろん大きな技術進歩が実現したり、海外経済の活況が続いたりすれば、国内設備投資も増え、潜在成長率も現実の成長率も上昇する可能性がないわけではないが、今後数十年人口減少が続くことがほぼ確定している以上、現実的な姿として成長率が低いだけでなく、いずれはマイナス成長となって経済規模そのものが縮小する可能性を否定できない。もし成長率を主要なモノサシとすれば、「失われた30年」などという生易しいものではなくて、「失われた百年」が実現するかもしれない。ではどうしたらよいだろうか。

ここから先は意見が分かれるところだろう。無理をする必要はない、そうした現実を受け入れ、生活の充実を中心に新たな座標軸、目標を設定すべきだという主張もあれば、移民の受け入れを含めて、発展のための対応を最大限実行すべきだという見解もあるだろう。私自身いろいろ迷うところがある。そしてそれは、多くの人々に共通の悩みではないだろうか。ただ私は、後述の通り長く人口問題を考えてきた。そうした経験から、まずは今後の議論を進めるうえで参考になりそうなことを、以下に書き連ねてみたい。

第1に、移民の受け入れでも人口減少を止めることはできない。最近では、日本の人口は毎年50～60万人減っている。将来人口に関する国立社会保障・人口問題研究所の２０２３年推計では、45年までの年平均減少数は約70万人だ（出生率・死亡中位のケース）。70万人といえば、島根県、高知県などの人口にほぼ匹敵する。また24年3月の人口構成では、外国人居住者は３２１万人、全体のわずか2・6％だが、それでも外国人との共同生活に関する社会的摩擦は少なくない。こうした現実を踏まえると、想定される人口減少を移民受け入れで全面的に穴埋めすることは到底できないのである。わが国人口減少は、それだけ大規模だということでもある。移民受け入れ政策は、大いに議論すべきだが、最大限の受け入れ策をとっても、人口減少のテンポを緩和するだけであって、人口減少そのものは阻止できない。人口減少が続くことを前提に経済・社会を再構築することが必要である。

第2に、内需主導の経済成長には無理がある。人口減少社会では、個人消費を中心に国内需要には絶えず縮小圧力がかかる。その縮小圧力は構造的・基調的なものだから、経済政策だけではなかなか変えられない。わが国では、1985年のプラザ合意以降内需主導の経済成長が目標とされた期間が長かったこともあって、今でも内需主導が主張されることがある。しかし内需に構造的・基調的な縮小圧力が働く経済で、内需主導による成長を持続させることは事実上困難だ。

第3に、経済成長を続けるためには、あるいは経済規模の縮小を遅らせるためには、海外の需要、資金、人材を取り込むことが不可欠だ。基調的に減少する消費を補填するには、インバウンド観光の振興によって、海外消費需要の取り込みを図る。国内設備投資を充実させるためには、対内投資を積極的に受け入れるとともに、わが国製造業が国内回帰を目指すような環境を整備する。今は経済安全保障の観点から、日本立地の重要性が国際的に認識されている。今後の数年間は、対内投資の受け入れにとっても、また日本企業の国内回帰にとっても重要な期間になるだろう。そのうえで国内企業が目指すべきは、改めて輸出の拡大だ。インバウンド観光、対内投資、輸出いずれも海外需要への適応だ。世界経済はまだまだ発展する。人口減少社会に突入した日本が活力を維持しようとすれば、海外の成長する力との結びつきを強化する以外ない。移民の受け入れも、そうした海外との結びつきの中で考えるべき論点だ。人口減少社会では経済規模は縮小する。しかし国も国民も縮んではいられない。海外との結びつきがこれまでにも増して重要になったのである。

第4に、経済を測るモノサシとして、従来の国内総生産（GDP）だけではなく、国民1人当たりGDPの活用を提案したい。国民1人当たりGDPは、マクロの生産性（GDP／就業者数）と国民全体に占める就業者比率（就業者数／人口）の積として計算されるから、国民1人当たりGDPが増加するには、生産性か就業者比率のどちらかあるいは両者が伸びることが必要だ。[注3]これは、人口が減少し総需要が伸びにくいわが国では重要な認識だ。現在では、国民1人当たりの国内総生産が国際的にも注目されている。国民の厚生を考えるなら、総生産よりは1人当たり生産の方が重要で、人口減少に直面しているわが国の実情にも適している。国内では生産性の議論が盛んで、その水準の国際比較が示されることが多いが、1人当たりGDPを高めるためには、生産性の絶対水準よりはその変化幅に注目すべきだ。また就業者比率の引き上げは、現実的で着実な政策目標になる。高齢者や女性の就業を促進するのはもとよりとして、中小企業の雇用吸収力にも注目すべきだろう。人生百年時代。定年制についても定年延長などと言っていないで、廃止してはどうだろうか。

第5に、マクロ経済政策の役割も変わってくる。マクロ経済政策は基本的に総需要の振れをならす政策だ。人口減少は基調的に需要を減らすから、構造的に減少する需要を景気対策の対象とすることは適当ではない。無理に成長を求めると、際限のない財政投入となって国の疲弊を早めるだろう。残念だけれど、低成長を受け入れることがニューノーマルの基本になる。また人口減少社会では、慢性的な労働力不足から成長の天井が低いため、景気が良くなっても実質成長率はあまり高まらず、物価上昇に結びつきやすい。現在の物価上昇には、そうした新しい現象が見られ始めているのかもしれない。65歳以上高齢者比率の世界一高いわが国では、安定的な生活維持のために他国以上に物価安定が求められる。金融政策は、改めて物価が上昇し過ぎないようその抑制に主眼を置くべきものと考えられる。

◉ 移民受け入れ

以上は人口減少社会への対応に関する経済論理的な処方箋だが、問題は、これらの対応のうちどれをどの程度実行すべきか、という点だろう。ヒト、モノ、カネの結びつきのうち、一番問題となりやすいのはヒトの受け入れだ。例えば、インバウンド観光については、混雑・混乱で日常生活が乱される、文化財の傷みも大きくなるという観点から、今後はあまり増やすべきではないという意見も高まっている。人材受け入れとなる移民についてはより大きな問題で、社会的な摩擦の増大を懸念する声がある。実際移民受け入れ先進国の英国やEU諸国でも大きな摩擦が生じて、国民の意見も割れている。移民国家という成り立ちを持つ米国でも、移民対応は大統領選挙の一大争点の一つで、国民の強い対立軸を形成している。理想的な解は、一方で経済の縮小を避けながら、他方で社会の安定化を図ることだが、実際には簡単ではない。

日本の移民政策は、技能実習生制度や特定技能制度を通じる受け入れや、留学生・外国人研究者の受け入れというかたちで進展してきたが、これまでのところ他の国と比べると比較的保守的であり、移民の受け入れには慎重だった。受け入れを進めてきたのは、企業や大学の要請を踏まえたものだったが、一般に移民受け入れの場合、便益は直接受け入れ側に集中するのに対し、コストは広く社会がそれを負担するという問題が指摘されてきた。ヒトは、自らの意思を持った存在だ。常に受け入れ国の都合の良いように行動するわけではない。またわが国はいったん大方針を立てると、それを修正するのがむずかしい国でもある。立てるべき大方針としては、まずは出産・育児に対する支援の強化だろう。移民の受け入れについては、結局国民の選択が一番重要だから、社会の反応を見ながら、漸進的、試行錯誤的に進めるしか、適切な手立てがないように思われる。

◉阪神・淡路大震災後の経験

私は1996年3月、日銀神戸支店長として神戸に赴任したが、そこで体感したのが人口減少社会だった。赴任当時は、阪神・淡路大震災の発生（1995年1月17日、以下阪神大震災と略）

後1年以上経っていて、それなりに生活は安定してきていたが、経済的な困難は、むしろその後大きくなった。問題の中核にあったのは、神戸市の人口急減だ。阪神大震災発生以来30年近く時間が流れ、またその後2011年3月には東日本大震災があって、人々の記憶も薄れてきたが、震災後の神戸を振り返ると、現在の日本経済が直面する人口減少社会の問題が理解しやすくなるように思う。以下当時の経験を述べてみよう[注4]。

阪神大震災では、震災による直接的な死者だけで、6400人に上った。そのうち約4500人は、神戸市民だった。負傷者は4万人を超えた。被災した一般住宅は、44万5000世帯となった。さらに都市型工場、港湾施設、倉庫、卸・小売商店、ホテル、オフィスビルといった生産・サービス施設の損壊も、きわめて大規模なものとなった。兵庫県の推計によれば、震災による直接的な建物・設備の損壊だけで、被害総額は約10兆円に達した。しかし、経済的被害は1次的な物理的被害にとどまらなかった。神戸経済の停滞は、直接被害を受けた95年よりも、むしろ、建物の物理的損壊が回復した後から徐々に大きくなった。それは、阪神大震災が、高度の集積を擁する都市の中心部を直撃し、その所得創出機能を破壊するとともに、人口の減少をもたらしたからである。

神戸市の定住人口は、被災前の94年12月の152万人から、被災後の95年10月には142万人と短期間で一挙に10万人も減少した。震災で死亡した神戸市民4500人以外に、家族や住宅や職場を失って神戸を去らなければならなかった人々が10万人近くいたことになる。10万人の人口減少は、地域全体の購買力や担税力の低下という深刻な影響をもたらした。企業サイドから見れば、稼働率の低下、売り上げの減少・伸び悩みの原因となった。特に被害の大きかった長田区や灘区では、人口の減少率が2割を超えたため、震災後に再開した小売商店街・市場では売り上げがついに回復せず、経営が立ち行かなくなる商店が少なくなかった。また、こうした状況を目の当たりにして、店舗の再開をしり込みする動きも強まった。

観光目的で訪れる交流人口も大幅に減少し、地域の購買力低下に拍車をかけた。神戸市を訪れた観光客数は、81年のポートピア博（入場者数1600万人）後、増加傾向をたどっていたが、大震災により、95年は1074万人と、ピーク時（93年、2750万人）の4割程度にまで減少した。96年には、阪神高速道路の全面開通（9月）や「神戸ルミナリエ」（12月）など各種のイベント効果から幾分回復したものの、神戸市全体では、震災前に比べなお2割近い入り込み客の減少が続いた。入り込み客の中でも特に観光バス立ち寄り台数は、95年に震災前の8～9割減と、実質上ほぼ途絶えた後、97年春でも震災前の3～4割減となっていた。神戸市内にある大手ホテルの社長は、「地震による建物や調度、備品などの直接的な被害は10億円だったが、その後の観光客のキャンセル・減少で、その10倍の減収になった」と、この間の被害の実態を語っていた。

オフィスビル、ホテル、卸・小売り、流通・倉庫といった非製造業の業況は、損益分岐点となる一定の稼働率を確保できてはじめて安定するが、定住・交流人口の減少で、稼働率が損益分岐点を超えない企業が少なくなかった。街の雰囲気も復興需要一巡後次第に暗くなっていった。その後、神戸市を含む兵庫県の県内総生産が、97、98年度と、2年連続で全国でも最下位の部類に属する大きなマイナス成長を余儀なくされたことが明らかになり、停滞感が数字で裏打ちされた。

地方自治体では、税収の減少に直面した。神戸市の水道事業特別会計は、93年度から赤字に転落していたが、震災にともなう契約世帯数の大幅減少から、一段と赤字が累増した。被災者は、生活環境が悪化する中で、水道料金の引き上げを甘受せざるを得なかった。通常、じわじわと少しずつ押し寄せる人口減少社会が、神戸では、震災を契機として一挙に出現した。生活環境が激変しただけに、震災後の神戸は、わが国が現在迎えている人口減少社会を一足先にかつ強い実感をともなって経験したのである。

当時の人口問題は、少子・高齢化ととらえられていた。少子・高齢化社会における主たる問題は年金・介護だったが、神戸の経験は、人口減少がもたらす問題は、単に年金・介護にとどまらないことを示した。人口問題を少子・高齢化ではなく人口減少ととらえ直すと、より大規模で深刻な問題が見えてくる。それは、経済活力の低下だ。神戸の経験でこの事実を痛感した私は、いろいろ調べたが、人口減少と現代マクロ経済との関連を扱った書籍は少なかった。日本の経済学者、エコノミストは、米国の書籍、論文から知識を受け入れる傾向が強く、人口増加が続く米国では、人口減少は問題となっていなかったから、わが国でも人口減少を正面から取り上げる研究が少なかったのだ。

私は手探りの研究を続けて、『「過疎列島」の孤独』（２００１年10月時事通信社）、『需要縮小の危機』（２００５年12月ＮＴＴ出版）などで人口減少問題の重大さを発信した。今読み返すと、いろいろ至らない点が目立つが、当時提起した問題意識は今も基本的には変わらない。その後人口減少という切り口で経済・社会の問題をとらえ直す書籍、評論も増えて、人口問題に対する社会の認識も変わってきたように思う。

人口減少は、１９９０年代後半以降、現実の成長率も潜在成長率も引き下げる圧力として作用してきた。しかしそれだけではない。人口減少は、多くの人々の先行き不安を高めることによって、時代を特色づけた閉塞感の一因にもなったように思われる。「失われた30年」と言われる期間の経済指標を丁寧に検証すると、決して停滞だけが時代を覆っていたわけではない。それにもかかわらず「失われた」と言わずにいられないのは、数字に表れない喪失感を国民の多くが共有していたからだろう。

その喪失感の原因の一つは、前章までに記述したような国際社会におけるプレゼンスの後退だ。それは中国を中心とするアジア諸国の台頭によってもたらされた。そしてもう一つが、人口減少に由来する将来不安だったのではないだろうか。数字で検証できるわけではないが、神戸の経験を踏まえると、人口減少は、経済実態の停滞と相まって人々の閉塞感を深くしていたように思う。実際、人口減少という問題は、楽しい話題ではない。しかしそれは外部からのショックとしてもたらされたものではない。私たちの選択の結果として発生した。それは今、日々進行している。私たちは、その不都合な真実に向き合わなければならないのである。

注1　国勢調査では、国籍に関係なく、日本国内に3カ月以上住んでいるか、3カ月以上住むことになっている人を対象に調査している。

注2　15歳未満人口の戦後ピークは1955年（3012万人）だが、その後いったん減少してから、第2次ベビーブーマーの誕生により再び盛り返し、1980年にもう一度小ピーク（2751万人）を形成している。

注3　1人当たり国内総生産＝1人当たり所得＝Y/P＝Y/L×L/P
　　＝就業者1人当たり生産性×就業者比率
ただしY＝GDP　P＝人口　L＝就業者数
上式から Δ(Y/P)≒Δ(Y/L)＋Δ(L/P)

注4　本節の内容は、拙著『「過疎列島」の孤独』（時事通信社、2001年10月）で詳述した。

第6章

バブル崩壊――資産価格の暴落

1990年、バブルが崩壊し、わが国の長い停滞が始まった。わが国のバブル崩壊は、もっぱら資産価格の暴落として表面化したことが特色だ。資産価格に比べれば、一般物価の下落は軽微なものにとどまった。日本経済の停滞を論ずる場合、資産価格と一般物価を混同している議論が少なくないが、停滞の背景を理解しようとすれば、両者の差異を明確に認識することが必要だ。ここからは、時代を巻き戻して1990年代～2000年代初頭にかけての経済の動きを振り返ることとしよう。本章の主題はその時代の資産価格である。

◉ひとくくりにはできない30年

1990年、バブルがはじけ、「失われた30年」と言われた停滞が始まった。その後現在に続く日本の30余年は、困難の時代だった。バブル期以前の力強い成長が実現することはなかったし、日本経済がその輝きを取り戻すこともなかった。その意味で1990年から続く30余年間を大きなくくりとして、停滞期間、失われた30年と呼べないわけではない。

しかし、失われた時代とひとくくりにしてしまうと、見えなくなるものがある。特に停滞の原因として、定義が曖昧なままデフレを挙げてしまうと、混乱が発生する。デフレを、物価（一般物価）の下落と定義すると、停滞の基本的原因はデフレではない、というのが本書の立場だ。物価下落は、停滞の結果として発生し、また一部は輸入されたのだ。

本書で強調したいことは、停滞にはより基本的な経済的要因があったということだ。しかもその経済的要因は、停滞の前半と後半とでは異なっている。後半の停滞の原因は、前章までで説明した通り、中国の台頭とわが国の人口減少が中心となっていた。前半はこれから扱うが、何よりもバブルの後遺症が大きかったのだ。

そこでまずは、1990年から2002年頃までの経済状況を確認しておこう。この期間は、バブルが崩壊し、資産価格の暴落が続いた時期だ。資産価格の暴落が、金融システムの大きな動揺をもたらし、日本は戦後初の深刻な信用不安を経験した。この間の価格動向の特色は、資産価格が暴落した一方で、一般物価は安定していたことだ。以下でそれを確認しよう。

◉資産価格と一般物価

経済活動のシグナルとなる価格には、資産価格と財・サービス価格がある。資産価格は、株式・債券などの金融資産、あるいは土地・家屋などの不動産といったストックの価格である。一方、財・サービス価格は、一定期間に生み出されるフローの財・サービスの価格だが、資産価格と区別して、一般物価あるいは単に物価と言われている。一般物価の代表は、企業物価（卸売物価）と消費者物価である。[注1]

1990年代、バブルの崩壊は、何よりも資産価格の持続的かつ大幅な下落として現れた。一般物価のうち卸売物価も下落したが、資産価格に比べれば、下落幅ははるかに軽微だった。また消費者物価（以下特に断らない限り生鮮食品を除く総合）は、暦年ベースで見れば、1990年代は下落せず、2000年以降下落した。資産価格と一般物価の動きの差異は、後述する金融システム動揺の背景を考えるうえでも、また時代の特色として、しばしば指摘される「デフレ経済」を考えるうえでも重要だ。以下この間の価格の推移を確認しよう（図表6－1）。

図表6-1　一般物価と資産価格の動き（1980年〜2005年）

	国内企業物価	消費者物価	消費者物価（除く生鮮食品）	東証株価指数		地価公示価格			
						全国全用途		東京圏商業地	
	（前年比%）	（前年比%）	（前年比%）	年末終値	（前年比%）	（平均価格千円）	（変動率%）	（平均価格千円）	（変動率%）
1980	15.0	7.7	7.5	494.1	7.5	93	10.4	504	10.8
1981	1.4	4.9	4.8	570.3	15.4	107	10.0	559	8.3
1982	0.5	2.8	3.1	593.7	4.1	127	7.4	678	5.7
1983	▲0.6	1.9	1.9	731.8	23.3	158	4.7	913	4.2
1984	0.1	2.3	2.1	913.4	24.8	168	3.0	1,036	5.5
1985	▲0.8	2.0	2.0	1049.4	14.9	184	2.4	1,299	7.2
1986	▲4.7	0.6	0.8	1556.4	48.3	232	2.6	2,157	12.5
1987	▲3.1	0.1	0.3	1725.8	10.9	329	7.7	3,639	48.2
1988	▲0.5	0.7	0.4	2357.0	36.6	443	21.7	4,734	61.1
1989	1.9	2.3	2.4	2881.4	22.2	480	8.3	4,791	3.0
1990	1.5	3.1	2.7	1733.8	▲39.8	550	16.6	4,968	4.8
1991	1.0	3.3	2.9	1714.7	▲1.1	595	11.3	5,085	4.1
1992	▲0.9	1.6	2.2	1307.7	▲23.7	548	▲4.6	4,838	▲6.9
1993	▲1.6	1.3	1.3	1439.3	10.1	464	▲8.4	3,343	▲19.0
1994	▲1.6	0.7	0.8	1559.1	8.3	355	▲5.6	2,377	▲18.3
1995	▲0.8	▲0.1	0.0	1577.7	1.2	298	▲3.0	1,847	▲15.4
1996	▲1.7	0.1	0.2	1470.9	▲6.8	262	▲4.0	1,443	▲17.2
1997	0.7	1.8	1.7	1175.0	▲20.1	241	▲2.9	1,173	▲13.2
1998	▲1.6	0.6	0.3	1087.0	▲7.5	227	▲2.4	1,090	▲8.2
1999	▲1.4	▲0.3	0.0	1722.2	58.4	211	▲4.6	992	▲10.1
2000	0.0	▲0.7	▲0.4	1283.7	▲25.5	195	▲4.9	916	▲9.6
2001	▲2.3	▲0.7	▲0.8	1032.1	▲19.6	183	▲4.9	863	▲8.0
2002	▲2.0	▲0.9	▲0.9	843.3	▲18.3	188	▲5.9	974	▲7.4
2003	▲0.9	▲0.3	▲0.3	1043.7	23.8	179	▲6.4	944	▲5.8
2004	1.3	0.0	▲0.1	1149.6	10.2	170	▲6.2	926	▲4.5
2005	1.6	▲0.3	▲0.1	1649.8	43.5	166	▲5.0	920	▲2.5

（注1）国内企業物価は、2002年以前は卸売物価。総平均。2020年基準、暦年ベースの前年比。
（注2）消費者物価の前年比は、各基準年の公表値による暦年ベース。
（注3）東証株価は、同株価指数各年末終値とその前年比。
（注4）地価公示価格は、国土交通省調べ。標準地の各年1月1日における1平方メートル当たりの価格の単純平均（単位千円）。
また地価変動率は、前年と継続する標準地（または基準地）における価格の変動率の単純平均。平均価格の前年比ではない。

調査時が各年の年初になるため、公表された変動率は、実際にはその前年の地価変動率を示している。

◉資産価格の暴落

「堅調な景気や株式需給関係の良さを支えに、日経平均株価は年末に4万4千円前後に上昇――主要企業の経営者20氏の今年の株価予想を集約するとこうなる」。これは、1990年1月3日付日本経済新聞に掲載された「90年株価予想」である。その翌日、90年代初の立会日となった1月4日の東京株式市場では、日経平均株価（以下株価）が大発会としては2年ぶりの下落となった。この下落に対する市場関係者の評価として、同紙は、「戸惑いながらも一時的」と見出しを付けた。

その後の株価は、しかし、一時的な下落にとどまらなかった。同年1月後半から3月にかけて株価は暴落し、その後も下落傾向を続けた。バブル期の最後となった1989年大納会、株価は3万8915円という歴史的ピークをつけていたが、90年が終わってみれば、年末大納会の株価は2万3848円と、1年間で4割近い大幅下落となった。株価低迷はその後も続いて、98年10月には、一時1万3000円を割り込み、ピークの3分の1の水準にまで低下した。株価は90年代の経済停滞を代表する指標となったが、さらに2003年4月28日には7607円と、ピーク比8割以上の下落となった。

株価は、1989年末に記録した高値を、30年以上にわたって上回ることがなかった。株価が、終値ベースでその歴史的高値を上回ったのは、2024年2月22日だ。実に34年ぶりの高値更新だった。90年新春の株価は、バブルが崩壊し、一つの時代が終わったことを、何よりも正確に告げていた。一方、当時の株価見通しは大きく外れ、「予想」というものがいかに当てにならないかを示すとともに、株をめぐる当時の熱狂を雄弁に伝えることとなった。

バブルの崩壊にともなって下落したのは、株価だけではなかった。地価もまた底の見えない下落を続けた。地価公示価格（全国、全用途平均）は、1992年から下落を始め、2006年まで15年間連続して下落した。この間の累積下落率は7割を超えた。中でも東京圏商業地の下落幅は大きく、1992年から2005年まで14年間連続して下落し、この間の下落率は、株価同様8割を超えた[注2]。

バブルを象徴し、同時にバブルの崩壊を象徴した資産は、ゴルフ会員権だろう。バブルの時代には、ゴルフ会員権価格が急騰し、その価格が1億円を超えるいわゆる「億カン」が、全国にいくつも現れた。当時日本に赴任して来た外資系企業の在日支店長が、本国へゴルフ会員権購入を打診したところ、「なぜゴルフ場を購入するのか」と質問されたという話が伝わっている。それが1会員権だけの価格と知った本国の人々は驚愕したに違いない。ゴルフ会員権価格の暴騰は激しかったが、バブル崩壊後のその下落もまた、すさまじいものだった。

一例を挙げてみよう。名門ゴルフ場として全国に名高い小金井カントリー倶楽部の会員権価格は、1989年12月、4億5千万円というピークを記録したが、その後はほぼ一貫して下落を続け、10年後の1999年12月には5200万円となった。2000年以降一時反騰する局面がないわけではなかったが、2023年11月には3500万円まで水準を下げた。ピークからの累積下落率は9割を超えた。「億カン」は姿を消したのである。注3

◉資産価格下落とバランスシート問題

資産価格の暴落を理解するには、少し時代をさかのぼって1980年代のバブル経済に触れる必要がある。地価が戦後右肩上がりを続けてきた日本では、地価は下がらないという「土地神話」が広く流布されていた。1980年代後半バブルの時代には、土地を担保に借り入れし、その資金で土地を買う投資行動が大規模に広がった。金融機関は、土地購入のための融資を競って推進した。

投資の対象となったのは、不動産だけではない。株式やゴルフ会員権も、同様に投資対象となった。当時流行っていたのが、「財テク」だ。財テクとは、財務テクノロジーの略で、当初は、企業が、余裕資金で本業以外の不動産や株式を購入して収益を上げる行動が中心だったが、金融機関が積極的に投資資金を融資した結果、余裕資金ではなく、借入金で不動産や株式、ゴルフ会員権を購入する動きが広がった。また投資主体も企業だけでなく、広く個人にまで波及して、国民的な投資ブームとなった。こうした過程で投資対象となった資産価格が急騰したのである。バブルのピーク時、日本全体の地価の合計は、米国全体の地価の合計の4倍となり[注4]、とりわけ地価高騰の目立った東京都では、山手線内側だけの土地価格で、米国全土が買える試算結果になったと伝えられている[注5]。

ブーム的急騰後の反落が続いたのが、1990年代だった。一般に、実体的根拠の乏しい熱狂あるいはブームに基づく価格上昇現象をバブル（泡沫）と言っているが、1980年代後半の価格上昇はまさにバブルだったという認識が広まるとともに、資産価格の下落が大幅になった。バブルがはじけたのである。

問題は、資金の借入主体と金融機関経営だ。仮に投資をした企業や個人が、手許の余裕資金で資産投資をしていたとすれば、資産価格の暴落は、当該企業や個人の損失という問題にとどまっていただろう。しかし、1980年代のバブル生成過程では、金融機関の積極的な融資姿勢が顕著だった。とりわけ大銀行が率先して融資拡張に取り組んだから、国民の多くを巻き込み、金融機関信用の大膨張をともなう全面的な大バブルになってしまったのだ。

融資の担保となったのは主に土地だった。当時は急ピッチで地価が上昇を続けていたから、土地を担保に借り入れをし、その資金でさらに土地を購入する動きが広がった。膨張した金融機関融資によって投資を実行した企業や個人が圧倒的に多かっただけに、いったん借入金返済のために資産を売却する動きが始まると、担保処分と相まって、資産価格がさらに引き下げられる悪循環が続くことになった。バブル期とは逆回転の動きが大きく広がったのだ。その悪循環が資産価格の大幅下落につながった。資産価格の暴落で、資産を売却しても借入金を返せない企業や個人が急増したが、それは、他方で異常に膨れ上がっていた融資の回収不能（＝焦げ付き、貸出資産の不良化）となって、融資を実行した金融機関の経営を悪化させた。回収できない貸出金は金融機関の不良債権と言われ、それが金融機関経営に与える悪影響は、不良債権問題と呼ばれる大きな経済問題となった。

投資家のバランスシート（貸借対照表）を見ると、資産としては株や土地が、負債としては借入金が記載されている。株価や地価が下落すると負債である借入金が返済できなくなる。これは、投資家のバランスシート問題だ。一方金融機関のバランスシートには、資産として貸出金が、負債として預金が記載されている。金融機関は、回収不能の貸出金が増えると、預金の引き出し要請に苦しむことになる。それは、金融機関のバランスシート問題だが、同時に不良債権問題でもあった。それが深刻になって97年11月、金融システムの大きな動揺につながった。バランスシート問題は、「失われた30年」に及ぶ停滞の一つの核心を形成している。

◉小幅だった物価下落

株価やゴルフ会員権、地価といった資産価格に比べると、一般物価の下落幅は小幅だった。卸売物価（国内企業物価）を見ると、1992年から下落傾向が始まった。97年には、消費税率の引き上げ（4月、3→5%）から若干上昇し、2000年には横ばいとなったが、その後2003年まで下落傾向を続けた。もっとも、1992年から2003年までの累積下落率はマイナス13・3%にとどまっている。1997年の消費税率の引き上げが卸売物価を底上げしたことを考慮したとしても、資産価格の激しい下落率に比べれば、下落幅は軽微にとどまった。

また消費者物価は、1989年から92年まで4年連続して年2%を超える上昇率を示していたが、93年以降上昇率が鈍化した。消費者物価の下落基調が鮮明になったのは2000年からだ。1999年に横ばいとなった後、2000年から2005年まで6年連続の下落となったが、この間の累積下落率はマイナス2・5%と、資産価格の下落率に比べれば、はるかに軽微なものだったうえ、卸売物価と比べてもその下落率は小幅だった。もっとも消費者物価も、消費税率引き上げの影響を受けている。正確を期すために、消費税調整済消費者物価（生鮮食品を除く総合）の推移を見ると、下落は1999年から始まり2005年まで7年続いたが、この間の累積下落率はマイナス2・6%と、基本的には調整前消費者物価と同じ傾向を示している。

消費者物価が下落した時期にも注目することが必要だ。「いざなみ景気」は、2002年2月から始まっている。消費者物価の下落が続いたのは、むしろ景気の回復期だったのだ。1990年代から2000年代初頭にかけての消費者物価は、その下落率が小幅であったことと、景気の回復期間に重なって下落を続けたことが特色だ。「いざなみ景気」を扱った第3章で、私は、小幅の物価下落は景気回復の足かせとならないこと、物価が下落しているかどうかよりも、景気回復のメカニズムが働いているかどうかを見ることの方が重要だと述べた。1990年代は、景気の停滞に苦しんだ時代だが、その原因は、一般物価の下落ではなくて、資産価格の下落にあったのだ。

◉1920年代との比較

1990年代から2000年代初頭にかけての一般物価の下落幅は、1920年代と比べてもはるかに軽微だった。日本の1920年代は、第1次世界大戦中の好景気及びその後に続いた大正バブルと称される空前の好景気が崩壊し、長期停滞に苦しんだ時代だ。バブルの崩壊に直面したという意味で、1990年代と共通だから、両時代の物価を比較してみよう（**図表6－2**）。

図表6-2 デフレ期の比較（1920年代と90年代）

戦前 1920年代	1920（大正9年）	1921（大正10年）	1922（大正11年）	1923（大正12年）	1924（大正13年）	1925（大正14年）	1926（昭和元年）	1927（昭和2年）	1928（昭和3年）	1929（昭和4年）	1930（昭和5年）	1931（昭和6年）	1932（昭和7年）
名目生産国民所得（前年比%）（注1）	▲12.0	▲7.7	1.3	5.6	9.9	5.2	▲3.3	▲0.7	1.9	▲0.4	▲12.8	▲8.8	11.8
卸売物価指数（前年比%）（注2）	10.0	▲22.8	▲2.2	1.7	3.6	▲2.3	▲11.3	▲5.0	0.6	▲2.8	▲17.7	▲15.5	11.0
消費者物価指数（前年比%）（注3）	—	—	—	▲6.4	▲0.1	▲1.3	▲8.6	▲5.3	▲2.3	▲1.4	▲14.5	▲12.6	1.0
株価指数（前年比%）（注4）	—	—	25.9	▲18.0	2.6	4.9	16.0	10.2	▲16.1	▲12.3	▲32.0	▲25.5	37.2

1990年代	1990（平成2年）	1991（平成3年）	1992（平成4年）	1993（平成5年）	1994（平成6年）	1995（平成7年）	1996（平成8年）	1997（平成9年）	1998（平成10年）	1999（平成11年）	2000（平成12年）	2001（平成13年）	2002（平成14年）
名目国内総生産（前年比%）（注5）	7.5	6.5	2.6	0.1	1.3	2.1	2.7	1.5	▲1.3	▲1.6	1.4	▲0.7	▲1.3
卸売物価指数（国内：前年比%）	1.5	1.0	▲0.9	▲1.6	▲1.6	▲0.8	▲1.7	0.7	▲1.6	▲1.4	0.0	▲2.3	▲2.0
消費者物価指数（除生鮮食品前年比%）	2.7	2.9	2.2	1.3	0.8	0.0	0.2	1.7	0.3	0.0	▲0.4	▲0.8	▲0.9
東証株価指数（年末終値前年比%）	▲39.8	▲1.1	▲23.7	10.1	8.3	1.2	▲6.8	▲20.1	▲7.5	58.4	▲25.5	▲19.6	▲18.3

（注1）大川推計。
（注2）明治33（1900）年10月基準東京卸売物価指数。
（注3）大正3（1914）年7月基準指数（100品目、単純算術平均）（戦前基準指数）。
（注4）戦前指数　各年1月の計数。
（注5）2015年基準　暦年ベース。
（出所）戦前の計数は、日銀統計局「明治以降本邦主要経済統計」（昭和41年）による。

１９２０年代では、卸売物価、消費者物価とも、ほぼ毎年大幅な下落を続けた。卸売物価は、１９２１年から22年にかけて20％以上急落した後、関東大震災（１９２３年）からの震災復興景気の中でいったんは下げ止まったが、25年以降再び下落傾向をたどり、28年の小反発を除けば、ついに32年までその下落に歯止めがかからなかった。戦前の卸売物価指数は、１９００（明治33）年10月基準（同月の指数を100として計測）となっているが、同指数は1910年代後半になって急騰し、1920年には343に達している。しかしその後は急落に転じ、1931年153を記録した。この間の下落率は、累計でマイナス55・4％という大幅なものとなった。

また消費者物価は、年によって低下幅に違いはあっても、統計でさかのぼり得る1923年以降31年まで毎年連続して下落を続け、この間の累積下落率はマイナス42・6％となった。統計の制約から、21年以前の数値が得られないが、卸売物価の動きから推しても、1920年代の消費者物価の下落は、卸売物価同様あるいはそれ以上に大幅だったと言えるだろう。

1990年代も1920年代も、価格下落に苦しんだ時代だったが、両時代の価格の動きには顕著な差異があった。1990年代の価格下落の主体は、資産価格だった。株価、地価、ゴルフ会員権といった資産価格は、すでに見たような記録的下落を続けたが、一般物価については、1920年代とは異なり、長期かつ大幅な下落は見られなかった。とりわけ1990年代の消費者物価は、月によって前年を下回ることもあったが、暦年ベースではマイナスに落ち込むことがなかった。

両時代の差異を理解するために、それぞれのバブル生成過程に着目してみよう。1910年代の物価上昇は、その後半から始まった。第1次世界大戦（1914年〜18年）の勃発にともない、世界的な物価上昇が目立っていたが、特に日本では、欧州主要国からの輸入品が途絶した海外諸国からの発注が殺到したため、１９１６年以降輸出が盛況を呈し、輸出品価格の高騰がもたらされた。当初物価の上昇は、軍需関連品、生産財を中心としていたが、好況が続くにつれ、消費財価格も急騰するようになった。

１９１６年7月～17年8月までの卸売物価上昇率を見ると、ロンドン34・8％、ニューヨーク40・0％の上昇に対し、東京は、52・1％の上昇となっており、わが国物価の騰勢は加速化していた。[注6] 大戦終了後、いったんは景気が沈静化したが、欧州の復興需要が増大するにつれ、１９１９年から翌20年にかけて、日本でも空前のブームが実現した。「あらゆる産業で商品の先物取引が活発化し、それはやがて完全な投機に流れていった」[注7]。

１９１０年代のバブルは、株式だけでなく、一般物価を構成する財にも向かっていた。特に変動の激しい市況商品には、投機的資金の流入が顕著だった。その反動が、１９２０年の株価暴落を契機に表面化したから、１９２０年代の価格下落は、株価という資産価格だけでなく、一般物価を含む広範な分野に及んだ。

一方、１９９０年代に先立つ１９８０年代には、資産価格の上昇は顕著だったが、一般物価はむしろ落ち着いていた。もう一度**図表6－1**に戻ってみよう。１９８０年には、第2次石油ショックの影響を受けて卸売物価、消費者物価ともに高い上昇率を示したが、いずれも１９１０年代の物価騰貴とは異なり、１９８０年代後半には落ち着いた動きとなった。むしろ卸売物価は、1985年から88年まで4年連続して下落した。消費者物価も、第2次石油ショックの影響が薄まった1982年以降は落ち着いた動きとなり、とりわけ1986年から88年にかけては、前年比上昇率1%未満の上昇にとどまっていた。

1990年代、一般物価は総じて落ち着いていた。その前半では、やや高めの動きを示したが、基本的には1980年代から続く物価の安定傾向が維持された。単純化すれば、財・サービスはバブル的投機の対象とならなかったから、その反動もなかったと言えるだろう。一方、バブルの生成過程で異常な上昇を示していた資産価格は、1990年代暴落して金融システムを大きく動揺させるとともに、深刻な経済危機をもたらした。

こうした価格の動きを踏まえたうえで、次に金融システム問題を振り返ってみよう。次章では、97年11月から始まった金融システムの動揺とその後の深刻な経済停滞の動きを取り上げよう。

注1　卸売物価は、2002年12月公表時より、一部基準が改訂され、名称も企業物価と変更されているが、統計としては連続しているので、本書では、当時の呼称にしたがい、主として2002年以前を取り扱う場合は卸売物価として、また主として2003年以降を取り扱う場合は企業物価として表記する。消費者物価については、基本動向を判断するうえ

で、季節変動の激しい生鮮食品を除く総合を使うことが多いので、本書でもそれに従っている。特に記載しない限り、卸売物価は卸売物価指数総平均、企業物価は国内企業物価指数総平均、消費者物価は消費者物価指数全国（生鮮食品を除く総合）である。また戦前の動向を扱う場合には、卸売物価として明治33（１９００）年10月基準東京卸売物価指数、消費者物価として大正３（１９１４）年基準東京小売物価指数を使用している。なおGDPデフレーターも、一般物価の一種だが、発表頻度が四半期ごとという制約もあって、伝統的には、卸売物価と消費者物価で物価動向が判断されてきたため、本書でも、主として卸売物価と消費者物価に焦点を当てることとする。

注2　地価公示調査では、調査時が各年の年初になるため、公表された変動率は、実際にはその前年中の地価変動率を示している。例えば１９９２年公表の下落率は、１９９１年中に実現した下落率を92年の年初に確認したものだが、本書では公表年によって時期を表示している。また変動率は、前年と継続する標準地（または基準地）における価格の変動率の単純平均であって、平均価格の前年比ではない。

注3　価格は、（株）桜ゴルフのホームページに示されたものを採用。

注4　竹中平蔵『竹中教授のみんなの経済学』幻冬舎

注5　原田茂行「狂乱の日本。山手線内側の土地価格で米国全土が買えた！」幻冬舎ゴールドオンライン

注6　『日本銀行百年史　第2巻』４２９～４３０頁

注7　中村隆英『昭和史Ⅰ』東洋経済新報社、52頁

第7章

平成金融恐慌I――混乱と景気後退

バブルの崩壊から発生した信用不安は、1997～98年、金融システムの激しい動揺として表面化した。金融システムの動揺は、失われた30年という長い停滞の中でも、一つの重要な核を構成している。本書では、金融システムの激しい動揺を「平成金融恐慌」と呼ぶことにしよう。その後の景気は大きく落ち込み、わが国は戦後初めてとなる厳しい不況を経験した。金融恐慌と厳しい不況の経験を経て、家計にも企業にも防衛的な対応が広がった。本章では、当時を振り返り、景気後退の時期や深度を確認しよう。

◉金融恐慌

金融恐慌とは、金融機関経営に対する懸念から預金の取り付け行動が広がり、金融機関の破綻が相次ぐなど大きな社会的・経済的混乱が発生する状況だ。一般に金融機関経営に対する懸念の広がりを信用不安と称しているが、金融恐慌とは、信用不安が大きな社会的・経済的混乱につながった状況とも言えるだろう。金融機関経営に対する懸念が混乱に結びつくのは、預金者が自分の大切な財産である預金を失う不安に駆られて、その引き出しに殺到するからである。わが国は、戦前の1927年に金融恐慌を経験している。また戦後では、2008年の米国リーマン・ショックが世界金融危機をもたらした。さらに23年には、米国のシリコンバレー・バンクの破綻やスイスのクレディ・スイスの経営危機が発生し、信用不安の広がりがグローバルに懸念された。金融恐慌は古くて新しい問題である。

わが国における1997~98年の金融システム動揺を金融恐慌と呼ぶかどうかは、「金融恐慌」という言葉の定義によるが、その言葉自身、厳密な定義に基づいて使われているわけではない。わが国1927年の「金融恐慌」も、慣行的に使われているうちに定着した呼称と言うべきだろう。97~98年の混乱を、「金融システムの動揺」と呼ばずに「金融恐慌」と称すると、それ自身刺激的で、システム動揺の影響を過大に評価しているという批判を受けるかもしれない。事実、同動揺を戦前の金融恐慌と比べれば、全国的取り付け騒動のような目に見える社会的混乱は大きくなかった。また米国のリーマン・ショックとは異なり、世界的混乱をもたらすこともなかった。

しかし日本を代表する大手銀行が何行も破綻した結果、経済的混乱が大きく広がり、わが国は戦後初となる深刻な不況に陥った。社会的にも強いショックとなって、家計や企業が保守的、リスク回避的な対応を強める重要な契機となった。さらに日本の金融界全体に対する国際的信認が大きく毀損され、日本発の世界不況が懸念される状況が続いた。何よりも根底にあったバランスシート問題が巨大で、わが国経済の停滞に長く影響を及ぼした。これらのことを勘案すれば、同動揺は、金融恐慌と称すべき大事件だったと判断される。本書では、以後1997年から98年にかけての金融システム動揺を「平成金融恐慌」と呼ぶこととし、それとの対比で戦前1927年の金融恐慌を「昭和金融恐慌」と呼ぶことにする。

◉1997年11月——始まった金融恐慌

1997年11月3日、かねてから経営難に陥っていた準大手証券の三洋証券は、東京地方裁判所に会社更生法の適用を申請し、事実上倒産した。上場証券会社が会社更生法の適用を申請するのは、第2次世界大戦後初めてのことだった。子会社の三洋ファイナンスが、巨額の不良債権を抱えていることが判明したことが直接のきっかけだったが、三洋証券による会社更生法の適用申請にともない、その系列会社8社が自己破産を申請し、同6社が清算することとなった。本体の負債総額は3736億円、系列14社合計の負債総額は4648億円で、両者を単純合計すると、グループ全体の負債総額は8千億円を超えていた。

三洋証券の破綻で明らかになったことの一つは、コール市場の重要性だった。コール市場は、金融機関が、日々の短期的な資金の過不足を調整する場だ。民間金融業務が円滑に運営されるための重要な市場だが、三洋証券は、無担保コール市場から資金を調達していて、その資金返済を実行する前に破綻してしまったから、同証券に資金を放出していた金融機関は、その放出資金を回収しそこなったのだ。それ以降、金融機関による資金放出先の選別が厳格になって、コール市場の資金調整機能が大きく落ちた。また金融機関相互による与信審査の厳格化は、経営不安を噂されていた金融機関の資金調達パイプを締め付けることによって、その資金繰りを急速に悪化させ、その後に続いた多くの銀行・証券会社の破綻をもたらす一因となった。

同月17日、都市銀行（都銀）と称される大手銀行の一員だった北海道拓殖銀行（拓銀）は、自主再建を断念し、同じ北海道の第二地方銀行である北洋銀行を軸に、預金や貸出などの営業を譲渡すると発表した。市場から十分な資金を調達できず、資金繰りが行き詰まったためである。拓銀の公表不良債権は、97年3月末時点で、9349億円、不良債権額の貸出債権に占める割合は13・4%と、都銀中では群を抜く高さだった。

拓銀は、1900年の設立以来97年の歴史を持ち、北海道では際立った規模の最有力企業の一つとして地域に君臨してきたが、すでに97年初から経営不安が噂されていた。同年春には北海道銀行との合併交渉も進められたが、9月にはその合併交渉も事実上ご破算になっていた。そこに三洋証券の経営破綻が発表されて株価が急落するとともに、預金流出に拍車がかかった。地域最有力企業や都銀としての歴史だけでは、もう預金流出を止めることはできなかった。短期金融市場からも必要資金を調達できなくなって、北海道の名門銀行も破綻に追い込まれたのである。

都銀の経営破綻は、戦後初めてのことだった。当時大蔵省は、金融行政運営に当たり、「大手行はつぶさない」と述べていて、それが広く信じられていたから、拓銀破綻の事実は、国際的にも大きな反響を呼んだ。信用を失ったのは、単に拓銀だけではなかった。公的当局を含む日本の金融界全体が、世界中から信用を失った。日本の金融機関が海外市場で資金調達をする際には、すでに割り増しコスト（＝ジャパン・プレミアム）を支払わなければならなくなっていたが、それが一気に跳ね上がったのだ。

次いで破綻したのが四大証券の一つ、山一證券（山一）だった。山一は、92年3月期に、株式売買手数料収入の減少などから経常損益が赤字に転落した。その後は一時的に持ち直すこともあったが、収益低迷は基調的に続き、97年3月期には、系列ノンバンク支援のための特別損失計上もあって、最終損益は1647億円の赤字になっていた。97年9月には、総会屋への利益供与事件で前社長が逮捕され、取引先からの発注停止が相次いだ。財務内容の悪化を受け、格付け会社ムーディーズは、11月、それまで「投資適格」の最低ランクになっていた格付けをさらに引き下げる方向で見直すと発表した。山一は、市場からの資金取り入れにも支障をきたし、資金繰りのメドが立たなくなった。11月24日、その3カ月前に同社社長に就任したばかりの野沢正平氏は、記者会見の席で正式に廃業を社内外に表明した。席上、社員の先行き処遇の問題に触れたときには、「私らが悪いんであって、社員は悪くありませんから!」として、社員の再就職支援を涙ながらに訴え、平成金融恐慌を象徴する映像となった。

◉98年以降も続いた金融機関破綻

金融機関の破綻は、97年では終わらなかった。翌98年には、日本長期信用銀行(10月)、日本債券信用銀行(12月)という長期金融主体の大手2行が破綻した。大手行の破綻は、97〜98年に集中したが、その後も、第二地方銀行、信用金庫、信用組合といった中小金融機関を中心に、破綻が続いた。破綻した金融機関の預金については、その預金をどの程度保護するかが問題となる。保護を、預金の全額ではなく、一定額以内に限定することをペイオフと称しているが、1995年に中小金融機関の破綻が発生して以来、政府は、金融システムの動揺を抑制するため、預金保険の対象となる付保預金について全額保護措置(=ペイオフ凍結)をとっていた。大蔵省によれば、ペイオフ凍結期間中（1996年6月～2002年3月末）の破綻金融機関数は、16銀行、25信用金庫、123信用組合の合計164金融機関に上った。

人々は、金融機関に対する猜疑心を強め、金融機関は預金流出におびえなければならなかった。混乱を収拾するためには、金融機関に対し公的資金を注入することが必要だったが、国会での公的資金注入論議は迷走を続けた。猜疑心は、金融機関と預金者だけでなく、広汎な民間企業の中にみるみる伝染し、どの企業も、それぞれ取引先企業が倒産するのではないかと相互に警戒心を高めたから、企業間信用もまた急速に縮小した。こうして資金の流れは一段と滞り、それがまた倒産の増加と景気の悪化に拍車をかけた。

◉減少した金融機関数

平成金融恐慌を契機として民間金融機関数が大きく減少した。破綻した金融機関だけでなく、統合というかたちで破綻回避に取り組んだ金融機関も少なくなかったから、結果として金融機関数が大きく減少したのである。証券会社、保険会社等の破綻、経営統合も多かったが、ここではわが国の民間金融機関数（預金受け入れ機関数）の推移をたどってみよう。**図表7－1**は、わが国の預金保険対象金融機関の数を5年ごとに示したものだが、民間金融機関の総数が

図表7-1 預金保険対象金融機関数の推移

	年度末	1980	1985	1990	1995	2000	2005	2010	2015	2020
銀行	都銀	13	13	12	11	9	6	6	5	5
	地銀	63	64	64	64	64	64	63	64	62
	地銀II	71	69	68	65	57	47	42	41	38
	信託銀	7	11	16	30	31	21	18	16	13
	長信銀	3	3	3	3	3	1	—	—	—
	その他共計	157	160	163	174	167	148	145	141	134
信金		461	456	451	416	372	292	271	265	254
信組		476	449	408	370	281	172	158	153	145
労金		—	—	47	47	40	13	13	13	13
連合会		—	—	—	—	3	3	3	3	3
その他		—	—	—	—	—	—	1	1	1
合計		1,094	1,065	1,069	1,007	863	628	591	576	550

（注）預金保険機構による。

1980年度末の1094行庫から20年度末の550行庫まで、40年間でほぼ半減していることが見て取れる。時期的には、95年度末（1007行庫）から2005年度（628行庫）までの10年間の減少が目立つ。平成金融恐慌の過程で破綻・淘汰された金融機関が多かったのである。

1980年度末から2020年度末にかけての推移を業態別に見ると、信用金庫、信用組合、労働金庫といった比較的規模の小さい金融機関数の大幅減少が目立っていて、過去40年間ほどの厳しい経営環境が、これら中小金融機関の統廃合というかたちで淘汰を促進したことがうかがわれる。「銀行」の総数を見ると、157行から134行へと減少が小幅にとどまっているが、内容に立ち入ってみれば、都市銀行、長期信用銀行、信託銀行のうち伝統的な大手銀行数が激減している。わが国では、1970年代から90年代初頭まで、都市銀行13行（以下銀行名はすべて略称、富士、三菱、住友、三井、第一勧銀、三和、大和、東海、協和、太陽神戸、拓銀、埼玉、東京）、長期信用銀行3行（興銀、長銀、日債銀）、信託銀行7行（三井、三菱、住友、安田、東洋、中央、日本）の大手銀行23行から構成される金融秩序が安定して維持されていた。当時「主要23行」と総称されていたこれら大手銀行団は、護送船団方式と言われた金融行政の時代を象徴する存在だった。

しかしこのうち主力をなしていた都市銀行は、90年に三井と太陽神戸、91年に協和と埼玉、96年に三菱と東京がそれぞれ合併して10行になった後、97年の拓銀破綻を契機として統廃合が急速に進み、現在の5行体制（みずほ、三菱ＵＦＪ、三井住友の3メガバンクと、りそな、埼玉りそな）となった。3行から構成されていた長期信用銀行は、98年に長銀、日債銀が相次いで破綻した後、興銀がみずほフィナンシャルグループに統合され、長期信用銀行法に基づく銀行は事実上消滅した（長銀を引き継いだ新生、日債銀を引き継いだあおぞらは、いずれも普通銀行として存続）。また従来の信託7行は、もともと都市銀行の信託部門といった系列的色彩が強かったこともあって、都市銀行の統廃合進展にともない、現在では3行（三菱ＵＦＪ信託、みずほ信託、三井住友信託）にまで縮小している。この間金融制度改革により銀行の設立が自由化されてきたから、インターネットやコンビニ等を経営基盤とする銀行の新設もあって、銀行の数だけは表面上維持されてきたものの、かつての「主要23行」のうち、現在まで生き延びてきたのはわずか8行となったのである。

戦前の昭和金融恐慌では、破綻が中小金融機関中心となって、財閥系大手金融機関に資金が集中する動きとなったのに対し、平成金融恐慌では、むしろ大手金融機関の破綻が目立ったのが特色だ。大手金融機関がバブル形成に深く関与していたから、それだけバブルが膨大な規模に膨らみ、またバブル崩壊の影響を大手金融機関が厳しく受けたのである。

大手銀行と中小金融機関の数が大幅に減少している中にあって、地方銀行（第1地方銀行）はほぼ一貫して64行体制を維持してきた。もちろん地方銀行もバブルの影響を受けなかったわけではない。バブル期にやみくもに拡大した貸出が焦げ付いて実質破綻した地方銀行も数行存在するが、地方銀行全体としてみれば、バブルへののめり込み方が少なかったうえ、高度成長時代の内部蓄積が手厚かったこと、また危機的状況に陥ったときでも地域経済の中核として幅広い支援を受けたことなどが、銀行数を維持してきた要因として挙げられる。しかし現在では、地方経済の停滞と人口減少で、経営基盤が揺らいでいる地方銀行が増えてきた。地方銀行間あるいは地方銀行と第2地方銀行間の経営統合も広がっている。

◉深刻な景気後退

１９９０年代は、バブルの崩壊に苦しんだ時期だが、それでも景気循環的には、１９９３年11月から緩やかな景気回復基調をたどっていた。そうした景気回復が崩れたのは97年央からだが、それがさらに深刻な不況になったのは、同年11月に表面化した平成金融恐慌の始まりからだった。当時の景気循環を振り返ってみよう。事後的に判明した各種指標で景気の山や谷が設定されるのだが、景気は、97年5月をピークに99年1月まで下降した後、２０００年11月まで短い回復過程をたどり、その後再び02年1月まで下降している（内閣府経済社会総合研究所による景気基準日付）。１９９９〜２０００年にかけての短い回復は、米国のＩＴバブルと称されたブームで輸出が大きく伸びたことが主因だが、そのバブルがはじけて輸出が減少するとともに、わが国は再び深刻な不況となった。

１９９７年から２００２年にかけてのわが国景気は、特にその後退局面において、それ以前とは異なり、戦後初めてのきわめて深刻な様相となったことが特色だ。この間前記の短い景気回復局面を挟んでいるものの、後退局面における経済指標の悪化が際立っていて、当時日本発の世界恐慌が真剣に懸念されるような状況が続いたことや、景気後退の根底に前章で触れたバランスシート問題があって、それが長く尾を引いたことなどから、ここでは、この間の動きを一連のものとして把握しよう。

景気関連指標の動きを振り返ると（**図表7―2**）、景気に敏感な株価がまず1997年に大きく下落し、次いでGDPが、名目、実質とも98、99年と2年連続して減少した。名目GDP（2015年基準暦年ベース）は、1998年、戦後の国民所得統計開始後初めてのマイナス成長（マイナス1・3％）となった後、99年にはさらにマイナス幅を広げ（マイナス1・6％）、2000年にいったんプラス成長に戻ったものの、01、02、03年と3年連続してマイナス成長となった。名目GDPは、1997年に記録した543・5兆円というピークをその後2016年（544・4兆円）まで上回れなかったが、最初の、かつ大きなつまずきが1998、99年の連続マイナス成長だった。また実質GDPも、98年、同統計調査開始以来最大の落ち込み（マイナス1・3％）となった後、99年にも連続してマイナス成長（マイナス0・3％）となった。わが国経済の深刻な停滞が国民経済計算上からも明らかになったのが98、99の両年だったが、その停滞が2000年の回復期を除いて02年まで続いた。

倒産件数と倒産企業の負債総額は、1991年以降高水準を続けていたが、それぞれ97年に入って一気に水準を上げ、2000年、01年、02年には高水準を続けた（一般財団法人企業共済協会による企業倒産調査暦年ベース）。特に、2000年、01年には大型倒産が相次いだこともあって、倒産企業の負債総額は、2000年23・9兆円、01年16・5兆円と、それまでに例のない巨額

図表7-2 平成金融恐慌前後の主要経済指標

	GDP			国内企業物価	消費者物価		東証株価指数	
	名目	実質	デフレーター		全国総合	除く生鮮食品		
	(前年比%)	(前年比%)	(前年比%)	(前年比%)	(前年比%)	(前年比%)	年末終値	年末前年比
1995	2.1	2.6	▲0.5	▲0.8	▲0.1	0.0	1,578	1.2
1996	2.7	3.1	▲0.4	▲1.7	0.1	0.2	1,471	▲6.8
1997	1.5	1.0	0.5	0.7	1.8	1.7	1,175	▲20.1
1998	▲1.3	▲1.3	0.0	▲1.6	0.6	0.3	1,087	▲7.5
1999	▲1.6	▲0.3	▲1.2	▲1.4	▲0.3	0.0	1,722	58.4
2000	1.4	2.8	▲1.3	0.0	▲0.7	▲0.4	1,284	▲25.5
2001	▲0.7	0.4	▲1.1	▲2.3	▲0.7	▲0.8	1,032	▲19.6
2002	▲1.3	0.0	▲1.4	▲2.0	▲0.9	▲0.9	843	▲18.3
2003	▲0.1	1.5	▲1.6	▲0.9	▲0.3	▲0.3	1,044	23.8
2004	1.0	2.2	▲1.1	1.3	0.0	▲0.1	1,150	10.2

	地価公示				完全失業者	完全失業率	賃金		倒産	
	全国全用途		東京圏商業地				就業形態計	一般労働者	件数	負債総額
	平均価格千円	(変動率%)	平均価格千円	(変動率%)	万人	%	(前年比%)	(前年比%)	件数	10億円
1995	298	▲3.0	1,847	▲15.4	210	3.2	1.1	1.2	15,108	9,241
1996	262	▲4.0	1,443	▲17.2	225	3.4	1.1	1.6	14,834	8,123
1997	241	▲2.9	1,173	▲13.2	230	3.4	1.6	2.3	16,464	14,045
1998	227	▲2.4	1,090	▲8.2	279	4.1	▲1.3	▲0.9	18,988	13,748
1999	211	▲4.6	992	▲10.1	317	4.7	▲1.5	▲0.6	15,352	13,621
2000	195	▲4.9	916	▲9.6	320	4.7	0.1	1.0	18,769	23,885
2001	183	▲4.9	863	▲8.0	340	5.0	▲1.6	▲0.6	19,164	16,520
2002	188	▲5.9	974	▲7.4	359	5.4	▲2.9	▲1.8	19,087	13,782
2003	179	▲6.4	944	▲5.8	350	5.3	▲0.7	0.1	16,255	11,582
2004	170	▲6.2	926	▲4.5	313	4.7	▲0.5	0.4	13,679	7,818

(注1) GDPは2015年基準 暦年ベース。
(注2) 国内企業物価は総平均　2020年基準暦年ベース　2002年以前は卸売物価。
(注3) 消費者物価は全国総合　暦年ベース　前年比は各基準年の公表値。
(注4) 東証株価は各年末終値とその前年比。
(注5) 地価公示価格は国土交通省調べ　標準地の各年1月1日における1平方メートル当たりの価格の単純平均(単位千円)。
また地価変動率は、前年と継続する標準地(または基準地)における価格の変動率の単純平均。平均価格の前年比ではない。

調査時が各年の年初になるため、公表された変動率は、実際にはその前年の地価変動率を示している。
(注6) 完全失業者、同率は総務省「労働力調査」の年平均計数。
(注7) 賃金は厚生労働省「毎月勤労統計調査」事業所規模5人以上の現金給与総額年平均指数 就業形態計と一般労働者。
(注8) 倒産件数と倒産時負債総額は一般財団法人企業共済協会による企業倒産調査暦年。

なものとなった。両年の大型倒産を列挙すると、2000年には、協栄生命保険、千代田生命保険、ライフ（信販）、そごう（百貨店）、日本ビルプロヂェクト（不動産賃貸・売買）、インターリース（リース）、西洋環境開発（不動産売買）、01年には、マイカル（スーパー）、東京生命保険などが倒産している。まことに激しい淘汰の嵐が吹き荒れたのである。

労働市場を見れば、失業者が急増し、賃金が低下した。完全失業者数は、1995年に200万人を超えた後、逐年戦後のピークを更新していたが、98年に279万人と急増した。その後は99年に300万人を突破し、さらに2002年の359万人まで増加を続けた。完全失業率も、1998年に4・1%と戦後のピークを更新し、2002年の5・4%まで上昇を続けた（総務省「労働力調査」年平均結果）。賃金は、1998年、99年と2年連続して下落した後、2000年には小幅反発したが、2001年から04年にかけて、4年連続の下落となった（厚生労働省「毎月勤労統計調査」事業所規模5人以上の現金給与総額年平均指数 就業形態計）。

価格の動きについては、前章で、バブル崩壊後資産価格は長期かつ大幅に下落したのに対し、一般物価の下落幅は、それに比べれば相対的に軽微だったと説明したが、改めて1997年以降の動きを確認しておこう。株価（東証株価指数年末終値比較）は、96年から98年まで3年連続して下落していたが、99年に反発した後、2000年から02年まで、再び3年連続の急落となった。日経平均株価で見ると、前章で示した通り、03年4月28日には7607円と、ピーク比8

割以上の大幅下落となった。また1992年から下落を続けていた地価（国土交通省「地価公示価格」全国全用途平均）は、97、98年には下げ幅が縮小し、一部にはようやく下げ止まりの気配もうかがわれていたが、99年以降再び下げ幅を拡大し、下落が2006年まで続いた。とりわけ東京圏商業地の価格は、97年にはすでにバブル前と考えられる1985年以前の水準まで低下していたにもかかわらず、99年にさらに2桁の下落を示し、その後も下落を続けることとなった。

一方92年から下落を続けていた卸売物価は、97年、消費税率の引き上げからいったん上昇したが、98、99年と2年連続して下落した。2000年には横ばいとなったが、01年から03年にかけて3年連続の下落となった。消費者物価（除く生鮮食品）は、2000年以降05年まで6年連続して下落した。

◉景気後退と緊縮財政の影響

以上見た通り、1997年央以降2002年までの2回にわたる景気後退期は、GDPが何年にもわたって減少し、倒産、失業が広がるとともに、賃金が下落を続けるなど、主要な経済指標が戦後初あるいは戦後最悪と形容されたように、戦後におけるそれまでの景気後退の中で最も深刻なものとなった。この間、下げ止まりの兆候がうかがわれていた資産価格についても、株価、地価が再び下落幅を拡大した。他方一般物価のうち卸売物価は下落を続け、消費者物価も2000年以降下落を始めた。わが国経済の停滞が強まるにつれ、「デフレ」が重大な経済問題として大きく取り上げられるようになった。

こうした状況を踏まえ、いろいろ論議を呼んだ問題点について考察してみよう。何といっても大きな問題は、日本経済停滞の基本的要因だ。これらのうち、停滞後半の要因については、すでに第2～6章で説明したところだが、1990年代とりわけ97年以降の景気後退についてては、なぜ発生し、なぜかくも深刻な不況となったのかの説明が必要だ。この点では、96年11月に発足した第2次橋本龍太郎内閣による緊縮財政を主因とする見方がある。橋本内閣は、財政再建、財政構造改革に熱心に取り組み、97年から具体化に取り組んだ。その表れが、消費税率引き上げ実施（97年4月3→5％）や特別減税廃止（97年度2兆円の増税効果）、健康保険の自己負担率引き上げ（1・5兆円の負担増）などの緊縮財政だ。その緊縮財政を、その後に続いた深刻な景気後退の主因とする考え方である。4月の消費税率引き上げ後景気が後退局面に入っていることもあって、とりわけ消費税率引き上げが批判されることが多い。

そこで97年秋以降の財政対応を見よう。まず橋本内閣自体が、急速な景気悪化に対応し、97年度補正予算において、2兆円の所得税・住民税の特別減税を実施したうえ、98年4月には

16・6兆円の「総合経済対策」を決定し、これを実施するための98年度補正予算を6月に成立させている。さらに98年7月に橋本内閣を引き継いだ小渕恵三内閣は、明確な財政拡張路線に転じ、98年11月には「緊急経済対策」、翌99年11月には「経済新生対策」をそれぞれ決定し、史上最大規模と称された経済対策を発動した。その後病で倒れた小渕首相を引き継いだ森喜朗内閣も、引き続き財政拡張路線を推進した。財政拡張路線は、小泉純一郎内閣の発足（2001年4月）まで続いたのである。

財政面の刺激策にもかかわらず、前記の通り98、99年のGDPは、名目、実質ともに2年連続のマイナス成長を記録するなど、景気の悪化はむしろ深刻の度を加えた。またその後も2000年の回復期を除けば、01年、02年とも経済はほとんど成長のないまま、厳しい不況が続いた。こうした事実を踏まえると、財政以外の事情あるいは財政支出による景気対策では処理しきれない問題が、この間における景気悪化の基本的要因となっていたことが推察される。1997年の消費税率引き上げを含む緊縮財政は、同年の景気後退の一因になったとは考えられるが、その後の深刻な停滞は、同年緊縮財政以外の要因が大きな影響を与えていたはずなのである。

実際1997年には、7月にアジア通貨危機、11月に平成金融恐慌など、経済混乱をもたらす大事件が発生している。また2000年には、米国でITバブルが崩壊し、その影響でわが国でも株価が急落するとともに輸出が減少するなど、回復途上の景気が打撃を受けた。これらのいずれもが、わが国景気の停滞を長引かせる要因となったが、中でも圧倒的に大きな影響を与えたと考えられるのは、平成金融恐慌だ。

金融システムの動揺が、経済全体にとっていかに大きなマイナス要因となるかは、その後の2008年、米国で発生したリーマン・ショックが世界金融危機と称された大不況をもたらしたことから容易に理解できるだろう。1997年から98年にかけて発生したわが国の平成金融恐慌の根底には、バランスシート問題と称される問題があった。読者には、前章で解説した90年代の価格の動き、とりわけ資産価格の大きな落ち込みを思い出していただきたい。1980年代後半のわが国バブルは、金融機関信用の大膨張をともなう巨額なものであっただけに、そのバブルがはじけて発生したわが国バランスシート問題、とりわけ同問題が収斂して表面化した金融機関の不良債権問題の規模は異常に大きかった。2000年に輸出主導の景気回復が見られたものの、米国ITバブル崩壊の影響でその景気回復も短期間で頓挫してしまい、同問題の大きな改善に結びつかなかった。金融システムの動揺は、経済の大きな混乱と金融機関による信用仲介機能の低下をもたらし、それ自身として深刻な景気悪化の要因となったが、根底にあったバランスシート問題は、日本経済の長い停滞の要因として作用し続けたのである。

一般に、バブルの崩壊が平成金融恐慌と呼ぶ金融システムの大きな動揺をもたらしたこと、その動揺が日本経済停滞の重要なきっかけとなったことについてはよく知られている。しかしバブルの崩壊が、どのようにして金融システムの動揺をもたらし、またどの程度日本経済停滞の原因となったのかについては、今でも十分に解明されていないように思われる。次の課題は、まさにその問題点の解明だ。失われた30年の前半の停滞を理解するためには、平成金融恐慌とバランスシート問題について、考察を深めることが不可欠だ。次章では、その点の考察を深めよう。戦前の金融恐慌との比較も理解を助けるはずである。

第8章

平成金融恐慌II——原因とバブル再考

平成金融恐慌が発生して以来27年が経った。平成金融恐慌はなぜ発生し、なぜ予防できなかったのだろうか。同恐慌が及ぼした影響の大きさを考えると、改めてその疑問が募る。その疑問は、本書執筆の動機の一つとなった。この時期の検証結果については、すでに多くの出版物がある。屋上屋を架す面はあるが、本章では改めてバブル発生の原因とその崩壊後の金融動乱を振り返ってみたい。

◉膨張したバブル

1980年代後半、わが国のバブルを振り返ると、投資対象が株式、ゴルフ会員権、土地という資産に向かったこと、投資主体が企業だけでなく、家計を含む広範な経済主体に及んだこと、投資資金が金融機関信用の大膨張をともなう巨額なものとなったことが特色だ。その反動が、1990年代、バブルの崩壊として表面化し、株価、地価等資産価格の暴落につながった。バブルの規模が大きいほど、バブル崩壊の傷は大きくなる。資産価格の低下が長期かつ大幅になって、バランスシート問題が深刻になった。

金融機関は、融資先の破綻や融資の担保となっていた株式、土地等の市場価値低下により、融資資金が回収できなくなって、不良債権問題という経営問題に直面した。95年には中小金融機関の破綻が何件も発生し、金融システムのほころびが見え始めていたが、対応が進まないまま97年に至り、信用不安が大きく広がって平成金融恐慌となった。

平成金融恐慌の最も重要な原因は、1980年代後半大きなバブルが発生したことだ。バブルがなければバブルの崩壊はなく、バランスシート問題も金融恐慌も発生しなかった。1990年代から始まった長い停滞の少なくとも最初の十数年は、バブル崩壊の影響を濃厚に受けている。平成金融恐慌は、停滞を一段と深くしたが、その遠因はバブルの生成だ。バブルは未然に防がなくてはいけない。これはバブルから得られた最大の教訓だ。

バブルを膨らませるうえでは、マクロ経済政策の果たした役割が大きかった。当時のマクロ経済政策の目標は、「内需主導の経済成長」達成だった。財政も金融もその目標を達成すべく、国内需要刺激のための緩和策をとっていた。資産価格は上昇を続けていたものの、それがバブルだという認識は強くなかった。政策当局には、資産価格の上昇と経済の活況が物価上昇に結びつくのではないかとの懸念がないわけではなかったが、現実の物価（一般物価）は安定していたから、たとえ資産価格の上昇がもたらす所得分配のゆがみ等弊害を認識していたとしても、内需主導の経済成長達成という当時の大目標をいったん脇において引き締めに転ずるだけの説得的・積極的な理由が十分ではなかった。

民間金融機関の積極融資姿勢も、バブルの規模を巨大にした重要な要因だ。参考になるのは昭和金融恐慌だ。当時を活写した高橋亀吉氏の『昭和金融恐慌史』によれば、同恐慌の原因として、事業家が同時に銀行を経営する例が多く、自らの関係する事業向けに放漫貸し出しを引き起こしたり、重役が行務に無関心になったり、企業と銀行が癒着したりといった、経営上の問題を内包している銀行が多かったこと、また銀行自体が当時のいわゆる「機関銀行」として積極的にプロジェクトを推進する役割を担っていたため、貸し出し増加に対するブレーキが働かなかったことなどが指摘されている。

同様の事例は、平成金融恐慌に先立つバブル期の金融機関行動にも典型的に認められた。同時期には、金融機関が直接あるいは系列ノンバンクを通じて間接的に、プロジェクトの推進主体となることが少なくなかった。そうした行動は、ゴルフ場、スキー場、テーマパーク等用地の取得・造成、地上げによるビル・マンションの建設などで顕著に示された。金融機関が自ら企画し、推進し、資金を提供するようになると、金融機関内部の独立的な「審査」というブレーキが機能しなくなる。必然的に融資額が膨大になった。

さらにバブルが崩壊し、計画したプロジェクトの推進事業体が資金繰りに窮するようになると、追い貸しというかたちで事業体の延命が図られた。いわば大正バブルの時代と同じような「機関銀行化」が、不良債権を生むとともにその増加に拍車をかけたのである。不良債権は、必ずしも外部環境の悪化によってのみ増大するわけではない。それは、金融機関内部における審査機能の後退や規律の緩みによってさらに増大する。環境悪化と放漫経営の結びついたことが、不良債権の規模を巨大にした。

◉バブル膨張と「空気」

以上のようにバブルの生成には、政策当局と民間金融機関の果たした役割が大きかった。しかしそれだけであの巨大なバブルが出来上がったのかというと、そうではない。当時の「空気」も大きな作用を及ぼした。「空気」というと曖昧だが、当時の人々の間にあったある種の熱狂あるいは時代に横溢した陶酔感（ユーフォリア）と言ってもよい。日本は戦後の荒廃から立ち上がり、ニクソン・ショックや石油ショックを乗り越えて、GNPで米国に次ぐ世界第2位の経済大国になった。モノづくりの分野では、実質世界一だ。米国の社会学者エズラ・ヴォーゲル氏の『ジャパン・アズ・ナンバーワン』が1979年に出版され、80年代を通じて広く読者を獲得した。ジャパン・アズ・ナンバーワンとしての自信や達成感が国民の間に広く共有され、先行きに対するきわめて楽観的な見方が強まった。

人口構成を見ると、戦後生まれのベビーブーマー（団塊世代）が40代の年齢となって、生産・消費の主要な担い手になるとともに生活の充実を求めていた。そうした生活ニーズが将来に対する楽観的な見方と結びついて、株式、ゴルフ会員権、土地・住宅等の資産に対する巨大な需要を生み出した。民間金融機関による融資がそれを支え、あるいはしばしばそれを誘導して、企業・家計を巻き込んだ膨大な資産購入が実現した。

醸成された「空気」の背後には、なにがしか実体的な根拠があった。その空気に触発された国民的なニーズの高まりが、国のマクロ経済政策や金融機関によって過剰に促進されて、実体から遊離したバブルになったのである。逆に国民的なニーズのないところでいくら政策の旗を振っても、事態は動かない。それは、例えば異次元緩和における期待への働きかけだった。バブルとその後の時代は、政策の在り方を考える貴重な手がかりをいくつも後世に提供することとなった。

◉後手に回った対応策

平成金融恐慌の原因の第一が、バブルの生成そのものだったとすれば、もう一つの原因は、後手に回った対応策だった。東京協和・安全の二信組問題が表面化し、住宅金融専門会社（住専）問題が大きく取り上げられるようになった1994〜95年にかけては、すでに金融機関の不良債権問題が大きな関心を集めていた。時間は十分ではなかったとしても全くないわけではなかった。それにもかかわらず、不良債権問題の是正は進まなかった。

それにはいくつかの理由があった。一つには、景気が回復すれば地価や株価の反騰を促進し、不良債権の規模を縮小させるのではないかという期待があった。また金融システムの動揺がもたらす社会的・経済的混乱を十分認識しないあるいは過小評価する見方があった。さらにバブルの生成に手を貸した金融機関はつぶれて当然だとの受け止め方もあった。これらの考え方は、公的当局、政治家、産業界、学者、マスコミ、国民の間に雰囲気として漂っていて、不良債権処理を遅らせる方向に作用した。

不良債権問題の収束には、金融機関の破綻処理を円滑化させるための法的枠組みと公的資金が必要だった。何よりも必要だったのは公的資金だ。貸出先の倒産や株価・地価の下落で傷ついた貸出債権の不良化分を穴埋めするための公的資金を金融機関に注入することが必要だったが、経済界自身、金融業界を含めて公的資金の注入に積極的ではなかった。金融業界が消極的だったのは、今となっては不思議な気がするが、公的資金の受け入れが経営に対する公的介入につながるのではないか、また資金受け入れ表明が自行の経営危機と受け取られるのではないかという懸念があったからである。

マスコミもまた、危機を未然に防ぐための建設的提言を発信できなかった。「マスコミ」とひとくくりにするのは、やや単純化が過ぎるかもしれない。現在は状況が違ってきているようにも思われるが、当時のマスコミに支配的だったのは、「反権力」と「庶民感覚」に軸足を置く論調だ。バブルの時代の株成金、土地成金に対する不満が強く残る状況では、成金退治と当局批判に矛先が向かいがちで、金融システムの安定が国民生活を支える重要なインフラだという情報は発信されなかった。こうした空気の中で、政治も明確なリーダーシップを発揮できなかった。

公的資金注入が最初に提案されたのは、1992年8月、宮澤喜一首相（当時）の発言からだったが、当の経済界からも賛同を得られず、そのまま見送りとなった。実際の公的資金注入は、95年12月、住専問題処理のために決定されたものの、金融業界救済のために税金を投入するのは不適当として国民からの批判が強く、また処理案をめぐる96年の国会審議（いわゆる住専国会）も紛糾したから、その後追加的な資金注入をめぐる環境は一段と悪化した。資金注入がないまま97年11月、三洋証券、拓銀、山一の破綻が相次いだのだ。この間マスコミは、公的資金を注入するのであれば、その前に不良債権の規模や責任の所在を明らかにするよう求める論調が圧倒的だった。納税者の立場や市民的倫理観からすれば至極真っ当ないわば正論だが、ここに金融システムをめぐるむずかしさがある。今では多くの人が理解していると思われるが、念のため説明しておこう。

◉不良債権の性格と責任の所在

まず資金注入の説明は、本質的にむずかしさを内包している。公的資金注入の目的は金融システムの動揺回避とそれを通じる経済安定だ。金融機関救済が目的ではないが、現象的にはそう見えるから、国民の最初の反応は反発だ。しかも金融システムが危ないから資金注入すると説明すれば、危ないとされる金融機関への取り付け騒動となり、金融システムを安定させるよりもむしろ混乱させるリスクがある。逆に危なくないと言えば、資金注入の根拠がなくなって、説得力に乏しくなる。説明が本来的にむずかしいのだ。そのうえで、もう一つ技術的な問題がある。それは「不良債権」というものの性格だ。不良債権とは、融資額のうち回収が困難な部分だ。融資先の倒産が債権不良化の一番大きな原因だが、回収困難な場合には担保処分で補填するから、不良債権の規模は、融資先企業の業況だけでなく担保となっている土地や株式の価格に大きく左右される。

金融機関が抱えている問題債権の多くは基本的に灰色だ。それは景気が悪化し、倒産が増大すれば不良債権となるが、景気が回復すれば健全債権となる。株価や地価の下落が止まれば、それだけでも不良債権の増大に歯止めがかかる。金融機関の体力が回復すれば、不安を抱えている企業に対する支援強化の余裕も広がってくる。要すれば、不良債権の規模は、景気や地価や株価や金融機関自身の体力にかかっていて、時々刻々変化している。公的資金投入の前提として不良債権の総量を明らかにするよう求めることは、投入資金量の適正さや国民負担の大きさを考えるうえでもっともな要求だが、それを厳密・正確に検証しようとすればするほど、実は回答のない問題と格闘することになって、貴重な時間が空費されるのである。

また「責任の所在」論議にも問題が多い。貸出債権が不良債権になるまでには、当初の融資実行から資金回収の最終処理まで紆余曲折を経ることが多く、その間金融機関経営者も異動する。「責任」の内容と「責任者」の特定には時間がかかるのだ。責任を曖昧にしてもよいということでは無論ない。しかし、責任の所在を詮索している間にも不良債権は膨らんで国民負担は増大する。金融システム安定に必要なのはスピードだ。多くのマスコミあるいは識者の主張は、いわば平時の正論だ。しかし政策の優先順位として、まずは人心の安定を確保するための公的資金注入が必要なのである。

不良債権の総量は公的資金投入の時期が早ければ早いほど、また投入に当たって、為政者の金融システムを守る姿勢が強ければ強いほど確実に減少し、結果的に公的資金投入量も国民負担も減少する。金融システムが動揺し、金融恐慌というかたちで問題が表面化すれば、その逆だ。そして事実わが国は、金融恐慌というかたちで高いコストを支払わなければならなかった。その混乱の記憶は、長く政策当局、金融界、マスコミに共有されることが必要だ。

◉危機とリーダー

個人的な思い出になるが付け加えておこう。私は１９９７年10月、日銀を退職し、(株)ちばぎん総合研究所に転出したが、その翌月の11月から金融システムが大混乱に陥った。このままでは混乱が広がるばかりだという焦燥感が強まり、私は、急遽公的資金投入の必要性を主張することにしたのだが、当時は、公的資金投入に反対の世論が圧倒的で、それを主張した本人だけでなく、その所属する組織まで激しく批判されかねない雰囲気だった。

親会社である千葉銀行の玉置孝会長(当時)にあらかじめ相談したところ、「確信をもって主張したいことであれば、自由に主張すればよい。それが大切だ」とのことだった。その言葉に力を得て、私は評論を発表した（「金融恐慌再来を防ぐために公的資金の投入を急げ」『論座』１９９８年1月号、発売は１９９７年12月初）。[注1] 世の中全体の動きから見ればささやかな行動だったが、私としては、世の中の大勢、特に感情的雰囲気の強い支配的見解に反対する意見を表明するときは勇気が必要なこと、またトップにある人物の腹の据わり方が重要なことを実感した。

玉置氏は２０００年に72歳で逝去したが、同行頭取時代、まだバブルの余熱の高いころに東京都内を中心とした不動産関連融資約1兆円を回収した。同行がその後不良債権問題に大きく巻き込まれなかったのは、この判断の結果である。同氏は、「資金回収に当たって良かったのは、融資先に迷惑をかけなかったことだ。当時はまだ肩代わり希望金融機関が多く、融資をスムーズにつなぐことができた」と述べていた。危機のときほどリーダーの差異が大きく表面化する。危機はリーダーの資質を問うのである。

◉ 危機と予防

わが国は、結局平成金融恐慌を防げなかったが、歴史を振り返れば、昭和金融恐慌でも同じ経験をしている。１９２７年の昭和金融恐慌は、ある日突然に発生したわけではない。すでに20年と22年の2回にわたって取り付け騒動が発生し、それぞれ20行を上回る銀行が休業を余儀なくされていた。銀行も当局も対応を進める時間がないわけではなかった。それにもかかわらず、この間の対応は不十分で、銀行の過少資本体質の是正が進展しなかった。政治状況がまた混乱していた。金融恐慌の直接のきっかけとなった片岡直温蔵相（当時）の発言は、議会内の論戦で銀行経営の悪化が大きく取り上げられたことに端を発している。与党憲政会と野党政友会との対立の中で、論戦は相手陣営の攻撃に終始することがあまりに多かった。国政全般を見据えて危機を未然に防ぐことを、国会はついに実現できなかったのである。

当時のマスコミも混乱を助長しただけだった。マスコミは、震災手形関係二法案や台湾銀行問題などをめぐって常に政府批判・野党支持にまわり、結果的には国民の不安感に拍車をかけただけだった。この間の事情については当時の「銀行論叢」が、「震災手形問題においては、わが国の大新聞、大雑誌のすべて（東洋経済新報を除き）は、政友会等政府反対党の院外団たる役目を務めたに過ぎなかった」と評している。[注2]

平成金融恐慌の場合でも、すでに1995年には中小金融機関の破綻が相次いでいたにもかかわらず、対応が進まなかった。その後の推移をたどると、戦前昭和、戦後平成二つの金融恐慌に至るプロセスがよく似ていることに気づく。二つの金融恐慌は、危機あるいは破綻が現実の大惨事に発展し、状況の悪化が誰にとっても明らかになるまで対応策が実施されなかった点で共通だ。それは、わが国では予防措置がむずかしいということでもあって、二つの金融恐慌は、わが国危機対応の弱点を象徴的に示しているのである。

一国の経済全体に大きな混乱をもたらすような問題は、国にとっての危機であるとともに国を担う政権にとっての危機でもある。現政権に反対の勢力は、今が好機と政権を攻め立てる。「反権力」に軸足を置くマスコミは政権批判を強め、ときには火に油を注ぐように事件をあおる。惨事の悲惨さに気づかない国民もまた市民的倫理観から政権攻撃に拍車をかける。こうして金融危機は防止されないまま金融恐慌となって表面化したのである。

小峰隆夫氏の『平成の経済』に、「予防行政を評価することのむずかしさ」が述べられている。「未然に予防された危機の悲惨さを知ることは誰もできない」からである。[注3] 実際その通りであって、予防行政評価のむずかしさは、同時に予防そのもののむずかしさにつながっている。とりわけ国民の間に批判的な雰囲気の強いときには、予防がむずかしくなる。予防措置がむずかしいのはわが国だけの特色ではないかもしれない。しかし、同じ問題への対応を何度も同じように誤る国は、繁栄を長く維持することはできないだろう。

私たちは、危機を予防するための対応を充実させる必要がある。それには、まず危機をもたらす原因を作らないことが必要だ。金融恐慌を予防するのであれば、その原因となるバブルの予防が最良の方法だ。そのうえでもっと一般的に予防を考えると、危機が表面化した場合の惨事の大きさをきちんと受け止める想像力が必要だ。

わが国の場合、何か不都合な事態が発生すると、感情論が高まって冷静な判断が後退する、目先の損失回避に重点を置く、困難な状況を党派性に立って政治的に利用する、平時の建前論に固執する、などの対応が多くなる。大局観とリアリズムが欠けがちなのである。危機が実際に表面化した大惨事を想像できれば、政策の優先度は危機防止に向くだろう。大惨事を想像するためには歴史を知る必要がある。人類の歴史は大惨事の宝庫だ。そして実際、私たちは決して賢明ではない。だからこそ言い古された平凡な表現だが、もっと歴史を学ばなければいけないのである。

◉危機と「空気」

平成金融恐慌当時を振り返ると、当時橋本龍太郎内閣が推進していた「日本版金融ビッグバン」と呼ばれた金融制度改革運動も混乱を助長する方向に作用したことを忘れるわけにはいかない。戦後の日本では、政府が金融業界に対し手厚い保護を与える反面、強い規制を課していた。こうした対応は護送船団方式と呼ばれていたが、日本版金融ビッグバンでは、金融業界に対する過保護をやめ、もっと自由で競争的な業界にすることにより、金融・資本市場の育成を図ることが目的とされた。新しい制度の枠組みでは、自立した金融機関と預金者が、それぞれ自由に、しかし自己責任原則で行動することが求められた。そこでの「自己責任原則」とは、金融機関の破綻も、預金者の預金が失われることもありうるけれど、政府の保護・支援を当てにするべきではないという意味である。

自由で競争的な市場・業界に向けての改革は、長い間望まれていたものだから、それを進めることに大きな反対はなかった。しかしどんなに優れた理念に基づく改革でも、実行時の環境やタイミングが重要だ。当時の政策責任者たちは、金融システム安定の重要性や、現に金融機関が抱えていた不良債権問題の深刻さには十分気づいていなかったのかもしれない。あるいは気づいていたとしても、動き始めていた改革を押し戻すことはできなかったのかもしれない。

改革を検討したいくつかの審議会の答申・報告がまとまったのは97年6月だが、以後自己責任原則が強調される改革の風潮が急速に高まって、金融機関破綻についての社会的容認姿勢が強く染み出した。そうした雰囲気の中、同年11月、金融機関同士の日々の資金繰り調整の場となっていたコール市場で、三洋証券の資金ショート（返済不能）が発生したのである。この事件の意味合いは、金融業界以外の人にはわかりにくいかもしれないが、戦後における金融市場の安定を根底から覆す決定的な一撃となった。元日銀総裁の白川方明氏は、その著書『中央銀行』で、「90年代の日本の金融危機で最も決定的な瞬間は何かと問われれば、私はこの三洋証券のコールローンのデフォルトだと答えるだろう」と述べている。[注4] 以後、金融機関相互の資金融通のパイプが細くなるとともに、金融機関に対する社会の視線も一段と厳しくなって、経営不安を噂される金融機関の資金繰りが急速に悪化した。この資金ショートは金融恐慌をもたらす引き金になったのである。

平成金融恐慌について私が当時を振り返るとき、常に最初に浮かぶのが、この三洋証券の資金ショートである。「何とかならなかったのだろうか」という思いが去来するが、当時の状況を冷静に考えると、資金ショートの回避はやはりむずかしかったようにも思う。バブルの傷がとにかく大き過ぎた。大手金融機関自身バブルの傷を受けていて、他を救済する余裕はなかった。仮に三洋証券の資金ショートを回避できたとしても、次の資金トラブルが発生しただろう。それもまた回避できただろうか。結局必要なのは公的資金の投入だったにもかかわらず、護送船団方式見直し、過保護の是正、自己責任原則を掲げる日本版金融ビッグバンを進めようという改革の中では、公的資金注入は政策の選択肢から除外されていた。

このように当時をたどると、日本版金融ビッグバンが動き出した時点で、平成金融恐慌への道筋が事実上確定したとも言えそうだ。しかしそうだとすれば、日本版金融ビッグバンは最悪のタイミングで打ち出されたことになる。手順としては、まず不良債権問題の収拾を図る。その後に改革に着手すべきだったのである。

このような感想は後講釈という批判を受けそうだが、当時を支配した「空気」に触れないわけにはいかないだろう。金融改革は積年の懸案であったから、その改革を推進するのは正論だ。いったんその方向が示されてしまうと、正論であるだけに反論がむずかしい。結果として不良債権問題や金融システムの安定が軽視されることとなった。何でも「空気」のせいにすればよいわけではない。失敗があればその責任は、当然明らかにされるべきだ。しかしバブルとその後を振り返ると、「空気」が、バブルを膨らませ、公的資金投入を遅らせ、金融恐慌の引き金を引くうえで、その都度重要な役割を果たしてきた。わが国では、危機が迫ったときの意思決定に当たって、正確な現状分析や冷静な判断よりも、その時々の空気に流されやすい体質があることを第1章で指摘したが、2度の金融恐慌は、わが国の予防が苦手な体質と、空気に流されやすい体質が、それぞれ影響を与えて発生した。

「空気」は、すでに見たように、その後異次元緩和の導入に当たっても重要な役割を果たしている。今後空気の形成で大きな影響力を持つのはSNSだろう。SNSでは、批判は異常に盛り上がるが、建設的な意見は埋没してしまう傾向が強い。空気への関与の在り方は、政策当局の重要な課題になったのである。

◉バブルと投機

投機がバブルを作り出したというのは、半分正しいがすべてではない。一般にバブルは投機的行動の広範化によって発生すると言われている。投機がバブルの一因となることは否定できないが、1980年代バブルの体験を振り返ると、その理解だけでは不十分だ。

投機は価格変動を見込んで利鞘を得ようとする行為だから、投機家は必然的に一定時間後の反対取引を想定している。転売を目的とする株式の購入はその典型だ。また大正バブルでは、商品相場に対する投機的資金の大量流入がバブルを生んだ。しかし80年代の心理を振り返ると、例えば土地を購入した人々の多くは、住宅や店舗として実際に利用することを目的としていた。当時熱狂の対象となったゴルフ会員権の購入者も、転売狙いの投機家だけでなく、プレーを楽しみにしたゴルフ愛好家が少なくなかった。

投機かどうかは人々の心理に依存する。値上がりの予想が確信に変わり、人々が焦燥感に駆られてその購入を急ぐようになってバブルが発生するが、購入目的は必ずしも転売ではなく、実際の利用のことも少なくない。その場合の心理は、少なくとも主観的には投機というよりは自衛あるいは生活防衛に近い。住む家がなくなる、ゴルフができなくなる、そうした不安が資産取得に拍車をかけた。わが国80年代後半では、投機的心理の広がりが大規模バブルをもたらしたというよりも、本来的には投機を嫌う人々が、重い腰を上げて購入を急がされるような環境が広がって、バブルが大規模化したのである。

この問題で重要な点は、バブルかどうかの判断は、投資をする人々の心理によるのではなく、その投資が持続可能ではない異常な不均衡をもたらしているかどうかによって判断されるべきだということである。バブルの生成は一様ではない。80年代バブルの経験は、現在でも重要な示唆を提供している。それは次の（あるいは現在の）バブルが仮にあるとすれば、そのバブルは人々の投機的心理というよりも、現実の不均衡の累積によって膨らむことである。どこに投機があるかではなく、どこに持続不能な不均衡が累積しているかが重要なのである。それを見極めるには広い視野が必要だ。不均衡はどこに累積しているだろうか。それに注目することが必要だ。

◉バブル予防と金融政策

バブルへの対応は、その予防が最良の方策だ。バブルは金融的不均衡が高まると巨大化するから、バブルの予防に当たっては金融政策の役割が重要だ。しかし現実の対応は簡単ではない。問題は少なくとも二つある。

一つは、バブルかどうかをあらかじめ見極めるのがむずかしいことである。この点に関する答えの一つは、かつてグリーンスパン元FRB議長などが出している。それは、「株価や地価といった資産価格の上昇がバブルどうかは破裂してみないとわからないから、わからない場合は何もしない方がいい。なぜかというと、もしバブルでないのだとすれば、それなりの合理的な理由があって価格が上がっているわけだから、金利引き上げ等で人為的に抑制する必要はないし、それはまた適当でもない。逆にそれがバブルであれば自然に破裂するのだから、手を出すまでの事はない。仮にバブルが破裂した場合には素早く行動しさえすれば、バブル崩壊の影響を最小限に抑制できる」というものだ。

実際米国は、2001年のITバブル崩壊時には、金利を急速かつ大幅に引き下げた。それが奏功したこともあって、米国では以上のような考え方が主流になっていたが、それを改めるきっかけとなったのが2008年のリーマン・ショックだ。同ショックの世界経済に与えた影響が甚大だったこともあって、以来、バブルは予防しなければならないという考え方に大きく変わったと言えるだろう。バブルかどうか、目を凝らすことが必要になったのだ。

もう一つの問題は、バブル予防の法令的裏づけである。日銀法は、「日本銀行は、通貨及び金融の調節を行うに当たっては、物価の安定を図ることを通じて国民経済の健全な発展に資することをもって、その理念とする」（第2条）と定めている。金融政策の目的は、物価の安定を通じて国民経済の健全な発展に寄与することである。ここでいう「物価」とは一般物価のことである。日銀は何でもしていいわけではないし、何でもできるわけではない。資産価格の上昇によって将来の物価が懸念されるとしても、現在の物価が落ち着いているときに具体的な対応ができるのだろうか。この問題は、バブルの時代からの懸案だったが、今でも明確な答えが出ているわけではない。

しかし、わが国で平成金融恐慌、世界でリーマン・ショック後の世界金融危機を経験し、バブルの予防が全世界的に重要な課題となった現在、「国民経済の健全な発展」という究極の目標達成のために資産価格への配慮は怠れなくなった、と言うべきだろう。そのことは、金融政策で、資産価格につきある特定の水準を目標にすることを意味しない。持続がむずかしい金融的不均衡が発生しているかどうかが問題だ。それは、政策の判断基準の一つとして加えられるべき視点である。

そのように推論してくると、異次元緩和のような2％物価目標に特化した金融政策運営には問題が多いことに気づくだろう。異次元緩和後、すでに物価上昇率は十分に高くなっていたにもかかわらず、それが安定的に定着するには賃金の上昇が必要だという理由で緩和が続けられてきた。24年夏の株価暴落は、小さいとはいえ、どこかでバブルが発生していることの警鐘かもしれない。バブルの予防という政策の視点を付け加えるならば、物価目標至上主義的で硬直

的な政策運営は、見直されるべきである。注5

本章では、金融恐慌の原因や予防を考えることを通じて、わが国統治機構の問題点にも触れた。「失われた30年」にはいろいろな課題がある。誰もが納得できる一つの解や結論があるわけではないが、この30年の間に提起された問題とは一体何だったのか、問題を克服するために何が必要かを考えることは、最低限必要だ。失われた30年を嘆いているだけでは、失われた30年が本当に失われたままになるだろう。

注1　当評論は、財団法人フォーリンプレスセンターの目に留まり、全文英訳されたうえで「Views from Japan　1998年1月号」として海外に紹介された。

注2　『日本銀行百年史　第3巻』２０３頁

注3　小峰隆夫『平成の経済』日本経済新聞出版社、65頁

注4　白川方明『中央銀行』東洋経済新報社、97頁

注5　日銀法は、同時に日銀の目的として、「銀行その他の金融機関の間で行われる資金決済の円滑の確保を図り、もって信用秩序の維持に資することを目的とする」（第1条）と規定している。日銀は、資金決済の円滑確保を通じてではあるが、信用秩序維持の責任を負っている。この点からも、バブル的不均衡が発生していないのか注意を怠れない、と考えられる。

第9章

平成ストック調整――大きかった調整圧力

前6～8章では、バブル崩壊以降2002年「いざなみ景気」が始まる前後までの経済状況を中心に説明した。本章では、これまでの説明を要約し、この時期の調整の特色を確認する。90年代の経済停滞の基本的な要因は、資産価格の下落とそれがもたらしたバランスシート問題だ。調整が、金融業中心に展開し、それ以前のフローの財をめぐる在庫調整というプロセスを経ず、直接ストックの資産・負債に及んだことが特色だ。ストック中心に調整が進んだことに着目すれば、この時期の調整は「平成ストック調整」と言えるだろう。この時代については、すでに多くの解説がなされているが、それでもなお新しい発見がある。平成金融恐慌を経験した時代は、実際、経済動乱の時代だったのである。

◉減少を続けた銀行貸出

平成金融恐慌の後、金融機関の貸出残高は大きく減少し、信用仲介機能の低下が顕著になった。国内銀行の貸出残高推移を見ると（図表９―１）、平成金融恐慌の発生した１９９７年以降、貸出残高そのものが純減に転じ、その減少が２００５年まで9年間続いた。１９９０年代入りとともにバブルがはじけ、融資余力の乏しくなった金融機関の「貸し渋り」が問題とされていた中にあって、それでも貸出残高は96年までかろうじて毎年増加していたが、金融恐慌の発生した97年からは減少に転じ、以後９年間その水準を下げ続けたのである。96年に約５３０兆円あったわが国銀行貸出残高は、２００５年には３８０兆円まで減少し、この間の減少額は１５０兆円、率にしてマイナス28・２％の巨大なものとなった。

銀行貸出残高は、既往貸出の返済・償却で減少し、新規貸出で増加する。経済が成長している通常の姿では、新規貸出額が返済・償却額を上回って貸出残高は増加するが、１９９７年から２００５年までの9年間は、その逆となって返済・償却額が新規貸出額を上回り続けたのである。金融恐慌が発生すると、金融機関は預金引き出しの増加に備えて手元流動性を厚目にするとともに、不良債権処理を急がなくてはならない。それには新規貸出の圧縮（「貸し渋り」）、既往貸出の早期回収（「貸し剝がし」）、不良貸出先への融資打ち切りと債権償却などが必要だ。これらの対応が相まって、国内銀行貸出残高の減少が続くことになった。

　02年10月に日銀が公表した「不良債権問題の基本的な考え方」によると、全国銀行ベースの不良債権処理額は、1990年代以降2001年度までの累計で、90兆円という巨大なものとなった。その規模は、1980年代後半のいわゆるバブル期における貸出増加額（約110兆円〈うち建設、不動産、ノンバンク3業種向け約40兆円〉）の約8割に達している。同公表資料は、同時に、「わが国の不良債権問題は、『バブルの負の遺産の処理』だけでなく、『産業構造や企業経営の転換・調整圧力を背景に新規に発生する不良債権への対処』という性格も加わりつつある」こと、また「（銀行）経営のバッファーとして機能していた含み益がなくなった」ことを明らかにした。[注1]

図表9-1　銀行貸出残高の推移

平成金融恐慌時(注1)			昭和金融恐慌時(注2)		
暦年	兆円	前年比%	暦年	億円	前年比%
1995	524.8	0.8	1925	122.1	5.6
1996	529.9	1.0	1926	127.0	4.0
1997	529.0	▲0.2	1927	118.0	▲7.1
1998	516.4	▲2.4	1928	111.5	▲5.6
1999	488.4	▲5.4	1929	110.6	▲0.8
2000	465.4	▲4.7	1930	108.4	▲1.9
2001	447.1	▲3.9	1931	107.5	▲0.9
2002	425.8	▲4.8	1932	105.9	▲1.5
2003	405.1	▲4.9	1933	101.1	▲4.6
2004	388.7	▲4.0	1934	99.7	▲1.4
2005	380.4	▲2.1	1935	101.0	1.3
2006	384.8	1.2	1936	107.5	6.5
2007	387.9	0.8	1937	123.3	14.6
2008	395.4	1.9	1938	138.4	12.3
2009	404.2	2.2	1939	175.6	26.9
2010	396.3	▲1.9	1940	216.9	23.5

（注1）日本銀行 国内銀行総貸出平残（銀行計）。
（注2）日本銀行「明治以降本邦主要経済統計」全国銀行主要勘定貸出金末残。

図表9-2 正味資産（制度部門別）**の推移**

単位：兆円

	一国経済・正味資産（国富）					
		非金融法人企業	金融機関	一般政府	家計	対家計民間非営利団体
1994年末	3,672.0	564.3	23.0	488.5	2,484.9	111.2
1995年末	3,617.1	517.2	34.8	474.5	2,482.0	108.6
1996年末	3,665.6	524.2	46.2	471.6	2,516.5	107.1
1997年末	3,688.6	550.5	40.8	458.6	2,526.8	111.8
1998年末	3,628.8	503.7	44.0	440.1	2,533.7	107.3
1999年末	3,507.2	357.9	39.2	412.8	2,593.4	103.9
2000年末	3,494.8	426.2	22.1	386.8	2,561.0	98.7
2001年末	3,440.4	488.6	20.4	347.2	2,486.2	98.1
2002年末	3,346.8	486.2	20.6	305.7	2,436.4	97.9
2003年末	3,285.0	461.1	▲4.5	292.2	2,442.9	93.4
2004年末	3,258.9	495.5	▲5.4	275.3	2,402.3	91.3
2005年末	3,269.5	396.9	24.8	292.1	2,476.7	78.9
2006年末	3,359.8	422.9	33.1	309.4	2,515.3	79.1
2007年末	3,469.6	512.7	61.0	317.3	2,497.6	81.0
2008年末	3,455.0	696.2	29.7	257.9	2,390.4	80.8

(注) 国民経済年次推計（ストック編）による。

事実、不良債権の発生と償却は2002年以降も止まらず、05年まで貸出残高の減少が続いた。97年から05年までの貸出減少額150兆円が、バブル期における貸出増加額110兆円を上回ったことから推察すると、バブルの負の遺産処理に加え、産業構造転換圧力の高まりにともなう不良債権処理額も小さくなかったことがうかがわれる。それだけではない。03年末、04年末には金融機関全体として債務超過に陥った。

国民経済年次推計（ストック編）によってマクロ的に金融セクターの純資産額を見ると（**図表9－2**）、

金融機関全体の制度部門別正味資産は、1999年以降大きく減少し、2003年、04年末には債務超過になっている。不良債権の償却等による貸出資産の大幅減少に加え、保有する株式・債券・不動産等資産価格の下落もあって、金融機関経営を支えていた含み益が枯渇し、さらに自己資本まで毀損されるという異常な事態になったのである。

金融機関全体として債務超過になったからといって、すべての金融機関が債務超過になったわけではない。特別に不良債権比率の高い金融機関の影響を大きく受けた結果、部門全体として債務超過になったのだが、それにしても金融機関のバランスシートは大きく傷ついたことが示されている。貸し出しは、どのような貸し出しであってもなにがしかのリスクを含んでいる。そのリスクを受け止めてバッファーとなるのが自己資本の役割だが、その自己資本が毀損され実質債務超過になってしまえば、金融機関はリスクをとる新規貸出を実行しにくくなる。金融機関の信用仲介機能は極限まで落ち込んだ。

◉昭和金融恐慌時を上回った調整圧力

銀行貸出残高の推移を昭和金融恐慌当時と比較してみよう（前掲**図表9－1**）。当時も昭和金融恐慌発生の年（1927年）から貸出残高の減少が始まった。わが国は、金融恐慌で受けた深い傷を十分治癒しきれないうちに、米国株価の暴落（29年）に端を発した世界大恐慌の渦に巻き込まれ、昭和恐慌（30～31年）に直面するという厳しい経済停滞を経験したが、銀行貸出残高はその期間を通じ一貫して減少を続けた。貸出残高の減少は27年から34年まで8年間続き、この間の減少率はマイナス21・5％となった。減少期間は長く、減少率は大きかったものの、これを平成金融恐慌後の状況と比べると、平成金融恐慌後の貸出減少は、期間において9年とより長く、率においてマイナス28・2％とより大きかった。[注2]

昭和金融恐慌時には、破綻が中小金融機関主体だったのに対し、平成金融恐慌では、原因となったバブルの発生に大手銀行の積極的な関与が大きく影響した。それだけにバブルの規模も大きく膨らみ、またバブルが崩壊してからの償却負担も大手銀行中心に巨大なものとなった。貸出減少の期間と規模に着目すれば、平成金融恐慌が金融セクターに及ぼした調整圧力は、昭和金融恐慌当時よりも厳しいものだったことになる。昭和金融恐慌から経済恐慌に至る昭和初期の時代は、日本の歴史だけでなく、世界史の中でもきわめて深刻な経済停滞の時代だが、平成金融恐慌後のわが国金融機関は、その昭和初期の深刻な経済停滞時を上回る調整を余儀なくされたのだ。

この事実は、平成金融恐慌から30年近く経った今でも、私を圧倒する。わが国が経験した平成金融恐慌とその後の経済停滞は、例えばＧＤＰや失業という基準では昭和初期ほどの悪化ではなかったものの、銀行貸出残高というモノサシで測ると、昭和初期の混乱期を上回る厳しい調整だった。平成金融恐慌とその後の深刻な経済停滞の時代――それはまことに歴史的な経済動乱の時代だったのである。

◉企業間信用の収縮

金融恐慌がもたらしたのは、単に銀行貸出残高の減少だけではなかった。信用不安が広まると、どんな企業でも、取引の相手方企業が倒産するかもしれないという懸念を高めざるを得なくなる。その懸念が相乗的に高まって、「企業間信用」が大きく収縮した。現在の経済活動を支える根幹は「信用」である。例えば、デパートやスーパーに商品を納入するメーカー・卸売業者、あるいはゼネコンに資材や人員を提供する下請企業は、通常現金で直ちに代金を受け取っているわけではない。それぞれ一定期間後に代金を支払ってもらう、という約束の下に商品・サービスを提供している。代金決済の一定期間猶予は、支払先に対する信用の供与であり、企業間で発生するそうした信用の授受を企業間信用と言っている。信用供与は、金融機関だけが行っているわけではない。日常の円滑な取引は、企業間信用があって初めて維持されている。その企業間信用が97年秋以降急速に縮小した。

各企業による企業間信用の縮小は、現金決済比率を高める、決済までの期間を短縮する、さらに危ない取引先との取引を解消する、というかたちで広がった。そうした対応は、戦後初めて信用の根幹を成す大銀行の倒産リスクに直面した多くの企業にとって当然の自己防衛策だったが、資金繰りに苦しむ経営難の企業にとっては、銀行貸出の減少と相まって、その破綻を早める方向に作用した。97年以降倒産が増大し、とりわけ２０００年、01年には大型倒産が相次いだことはすでに述べたが、それも、企業間信用の縮小が各企業の資金繰りを圧迫し、業容を急速に悪化させる一因となって発生した。

信用システムの根幹をなす金融機関への信頼が崩れた時には、そのシステム動揺は、貸出減少と企業間信用の縮小を通じ、驚くべき速さで多くの企業に浸透する。わが国企業にとって戦後初めての経験となった大規模な信用収縮は、取引の円滑な流れを阻害し、企業倒産を増大させて、98年以降における深刻な景気悪化をもたらしたのである。

◉ 戦後の景気調整とバランスシート問題

ここで、これまでの記述をまとめておこう。本書がバブル崩壊後の90年代を中心に明らかにしてきたことの要点は、以下の通りである。

①90年にバブルの崩壊が始まり、以後株式、ゴルフ会員権、土地等の資産価格が長期かつ大幅に低下した。
②資産価格の下落によって発生したバランスシート問題は、とりわけ金融機関の不良債権問題として表面化し、金融システムを不安定にした。
③不安定な金融システムが平成金融恐慌に発展したが、予防が苦手で空気に流されやすいわが国統治機構の弱点が浮かび上がった。
④平成金融恐慌後、わが国は戦後初となる深刻な経済停滞に陥った。
⑤同恐慌後、銀行貸出残高は昭和初期の経済混乱時を上回る減少を記録した。
これらの事実を踏まえ、バブル崩壊以降2002年ころまでの経済停滞の背景を考えよう。

1990年代の停滞は株価が急落した90年から始まったが、90年代を通してみれば、景気の回復期がなかったわけではない。ただ景気回復期でも反発力はそれ以前と比べて弱く、持続力にも乏しかった。それが停滞感を強める方向に作用し、失われた30年（当初は10年）と言われるゆえんとなった。90年代の経済停滞の基本的な要因は、資産価格の下落とそれがもたらしたバランスシート問題だが、戦後の日本経済は、資産価格低下による本格的かつ長期の停滞を経験したことがなかった。

戦後日本経済が経験した調整には二つの特色がある。一つは、製造業というモノづくりの分野における調整が中心だったことである。日本の高度成長は製造業の急速な発展によってけん引されたから、景気変動も製造業を中心とする循環変動からもたらされることが多かった。好景気が続くときの企業は、先行きに対する見方が強気になって、最終需要の伸び以上に生産を増やし、設備、雇用を増強する。行き過ぎた生産、投資、雇用の反動として、それぞれが次々に抑制されて景気後退が発生した。生産が行き過ぎれば、増え過ぎた在庫を減らすための減産が必要で、これを在庫調整と言っている。在庫調整のための減産が続いて、それでも足りなければ、設備調整と雇用調整に手を付ける。設備も雇用（労働力）も、企業にとっては重要な生産要素となるストックだ。これらストックの調整にまで進むと、不況が深化し国民生活に与える痛みが大きくなった。

もう一つの特色は、景気を腰折れさせるショックがしばしば国外からもたらされ、価格体系の激変をともなったことだ。バブル期以前の日本経済が経験した重大な危機は、ニクソン・ショック（1971年）と2度の石油ショック（1973年、79年）だろう。それらはいずれも内生的に発展した危機というよりは、国外からもたらされたショック（外的ショック）だった。ニクソン・ショック時には、それまでの固定相場制度が崩れ一挙に円高になって、輸出商品の採算が急激に悪化した。また石油ショック時には、原油だけでなくエネルギー価格全般の急騰に見舞われた。いずれの場合にも、日本経済は新たな価格体系への対応を余儀なくされた。

しかし90年代の調整は、それまでの調整とは違っていた。第1に、原因が財の過剰ではなく資産価格の低下に由来したから、調整が資産価格低下への対応となった。株価下落が不況の一因となったことは、例えば1965年の証券不況など先例はあったが、地価を含む資産価格の長期かつ大幅な低下は日本経済にとって初めての経験だった。この調整が長引いたのは、個別企業にとっては対応の余地が限られていたからだ。第2に、ショックが外的ショックとしてではなく、バブルの発生とその崩壊というかたちで内生的に発生した。調整も、製造業というよりむしろ非製造業から始まり、非製造業とりわけ金融業中心に展開したが、この点でも特異な調整だった。また企業部門だけでなく家計部門や第三セクターと称する準公的部門を含む広範な主体が調整の必要に迫られた。以下これらの点を見よう。

◉平成ストック調整

資産価格の下落は、すでに述べたバランスシート問題をもたらした。経済の調整が在庫調整から始まっていたときには、停滞が製造業の減産から始まり徐々に設備調整というストック調整に及ぶのが典型的なプロセスだったが、90年代のわが国が直面したバランスシート問題では、調整の主体が民間企業だけでなく、家計、第三セクターを含む広範な主体に及んだこと、調整の対象が、それ以前のフローの財をめぐる在庫調整というプロセスを経ずに直接ストックの資産・負債に及んだことが特色だ。各経済主体は傷ついたバランスシートの修復に向かったが、その調整にともなう消費、投資の伸び悩みが90年代停滞の基本的背景となった。調整の程度は資産価格の下落の程度に依存する。90年代では、すでに示したような長期かつ大幅な資産価格下落が続いたから、バランスシート問題は多くの経済主体を巻き込む経済全体の広汎なストック調整を引き起こし、経済を下押しする力として作用し続けた。

時期的にみると、バランスシート修復の動きは、バブルの余韻で各経済主体に余裕の残っていた90年代央頃までは緩やかな消費、投資の抑制というかたちで景気の回復力を弱めたが、平成金融恐慌後は、過剰な債務、設備、雇用の直接的切り捨てとなって、深刻な不況をもたらした。バランスシート修復のためにもたらされた停滞は、バランスシート不況として知られている。調整がストック中心に展開されたことが特色だから、その特色に着目すれば、問題の発生から不況に至る一連のプロセスは、「平成ストック調整」と称すべき性格の調整だった。

経済主体別にみると、家計の調整は消費抑制として現れた。株価・地価等の資産価格が上昇しているバブルのときは、将来見通しが強気になって家計を中心に消費支出が増加した。しかしいったん株価・地価が下落に転じると、強気だった見通しが弱気に修正される。家計の収入見通しも下方修正されるとともに借入金の返済負担が高まって、消費が抑制されることになっ

図表9-3　金融機関の貸出態度判断DI（全産業）

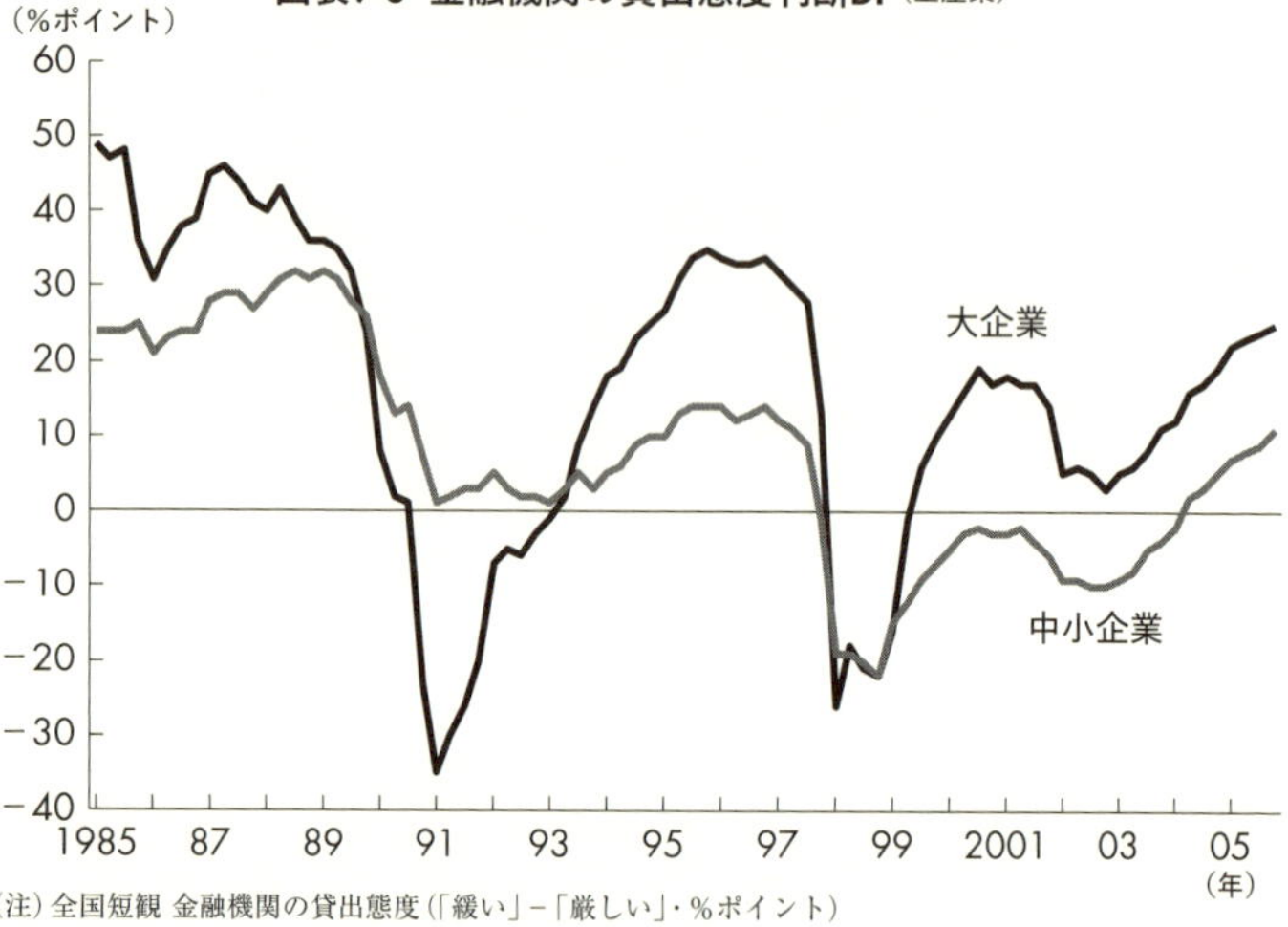

（注）全国短観 金融機関の貸出態度（「緩い」−「厳しい」・%ポイント）

た。

　企業部門では、建設、不動産、ノンバンクというバブルを主導した3業種と金融業から調整が始まった。とりわけ金融業のバランスシート問題は不良債権問題として表面化し、90年代停滞の主役となった。日銀短観で金融機関の貸出態度判断（全産業）の推移を見ると（**図表9―3**）、90年代入りとともに急速に厳しくなっている。しかも最初に厳しさを強く感じ始めたのは大企業が中心だ。その事実が示す通り、調整は大企業の取引先となっていた大手金融機関から始まった。当時を振り返ると、1989年5月以降翌90年8月までの1年強の間に、5回の公定歩合引き上げが実施され、金利はそれまでの歴史的低金利と言われた2・5%から6・0%まで一気に上昇した。こうした金融情勢の急激な変化と株価暴落への対応が、バブルをけん引した大手金融機関から始まったのである。

金融機関の貸し渋り、貸し剝がしと言われた信用仲介機能の低下は、資産価格の下落とともに続き、とりわけ97～98年の平成金融恐慌によって一段と強くなった。97年以降銀行の貸出残高が純減していったことはすでに述べたが、信用仲介機能は極限まで低下した。多くの一般企業は、自らのバランスシートの修復に加え、金融機関のバランスシート修復のための貸し渋り、貸し剝がしにも対応する必要に迫られたから、広範な業種にわたりかつ長く投資が抑制されることとなった。90年代の停滞、とりわけ98年以降の厳しい不況は、こうして平成ストック調整を主因として発生した。

バランスシート問題から発生する調整圧力が減衰するには、資産価格の下落が止まり、落ち着きを取り戻すことが必要だった。株価も地価も90年代半ば頃に下落率が縮小し、いったんは落ち着く兆しが見られたものの、97～98年の金融恐慌以降再び下落基調を続けることとなった。東京圏商業地の地価公示価格が反騰に転じたのは2002年だったが、その時の地価はピーク時（1991年）の2割以下、バブル前1983～84年の水準だった。東証株価指数でみても、株価が下げ止まったのは03年、バブル前1985年の水準に達した時だった。バブル崩壊とともに始まった資産価格の下落は結局10年以上に及んだが、その間ストック調整圧力は続き、日本経済は長い停滞を余儀なくされた。

◉ミクロの調整とマクロ経済

平成ストック調整の特色として2点付け加えておこう。一つは、個別企業の調整努力が全体の調整圧力をむしろ増大させる悪循環をもたらしたことだ。製造業の減産からスタートした古典的な在庫調整では、個別企業の減産努力が業界の過剰在庫を圧縮し、全体の需給バランス改善に資することになる。個別企業の対応が同時に全体の改善にもつながるという意味で、ミクロの調整は、マクロの改善に必要でありまた適切な対応でもあった。しかし平成ストック調整では、個別企業が調整のために株式・土地等の資産を処分すると、それが、資産市場の需給バランスを悪化させて資産価格のさらなる下落を招いたから、ミクロの調整努力がむしろマクロの調整を遅らせる方向に作用した。

それが最も典型的に表れたのは金融機関の調整だった。不良債権処理を進めるには、貸し出しの担保となっていた株式や土地を売却する必要があったが、それを進めれば進めるほど、他の貸し出しの担保価値が低下して、不良債権が増大する。不良債権処理のための資産処分が資産価格のスパイラル的な下落を招き、自分の首を絞める泥沼に入り込んだのだ。個別では合理的な行動が全体ではマイナスに作用することを合成の誤謬と言っているが、平成ストック調整は、それが最も顕著に表れた調整だった。資産価格の低下が長期かつ大幅となり調整期間が長引いたのは、こうした合成の誤謬を生じさせずにはおかないストック調整の特色によるところが少なくなかった。日本企業とりわけ金融機関にとって長く苦しい調整となったのである。

もう一つの特色は、個別企業としてできる対応が限られていたことだ。ニクソン・ショックの時には、輸出製品の採算が悪化したものの、輸出関連企業は、コスト削減や高付加価値製品への転換などで危機を乗り切った。石油ショックのときは、エネルギー効率の改善や省エネ製品の開発（これらは軽薄短小化と言われた）で対応した。これらの対応に共通していたことは、ミクロの企業がそれぞれ企業ごとにかつ事業の本業部門の改善で対応できたことだ。しかし平成ストック調整では、個別企業にできることは限られていた。株価や地価が下落を続け、それが経済の停滞をもたらしているとき、個別企業なかでも製造業は一体何ができただろうか。日本企業の多くはこの問いに直面しつつ、同時に信用仲介機能低下という逆境の中で、苦闘を余儀なくされた。

99年の経済白書は、日本経済の活力を阻害する三つの過剰として「債務」、「設備」、「雇用」を指摘し、その削減を提言した。資産価格の低下という外部環境の悪化に長く苦しんだ企業が、結局自力で対応しなければならないミクロの企業レベルの問題として、これら三つの過剰が表面化したのである。90年、バブルの崩壊から始まったストック調整が、10年という期間と平成金融恐慌というコストを積み重ねて、最終的に個別企業の過剰問題につながった。

◉マクロ経済政策の役割

失われた30年の最初の10年強の停滞に関する説明は、バブルの崩壊と金融恐慌が中心となった。この間停滞をもたらすうえで圧倒的に大きな影響を及ぼしたのは、資産価格の下落とそれから始まったストック調整圧力だった。一般物価のうち卸売物価は90年代の早くから下落傾向となり、消費者物価は2000年前後から下落したが、物価の下落が停滞をもたらしたのではなくて、経済の停滞が物価の下落をもたらしたのである。

以上で90年代停滞の基本的な要因は説明したが、残る疑問がある。一つは、金融機関の受けた調整圧力が戦前昭和金融恐慌当時よりも大きかったにもかかわらず、経済全体としてみると、落ち込みが当時より厳しくなかったのは何故だろうかということである。平成金融恐慌後1998年から2000年にかけての景気の落ち込みは、戦後わが国経済が経験した最も深刻なものだったが、それでも戦前昭和金融恐慌後のような激しい所得の落ち込みや大量の失業は発生しなかった。それは、一般物価がバブルの影響を受けなかったため、一般物価の下落による企業収益悪化とそれに起因する調整が最小限に抑えられたことと、財政金融面からのサポートが手厚かったことによっている。以下では平成金融恐慌後のマクロ経済政策を簡単に振り返っておこう。

1998年7月、橋本龍太郎内閣の後を継いだ小渕恵三内閣は、積極財政への転換を明確にし、大規模な財政出動を表明した。99年3月には大手銀行15行に対して約7兆5000億円の公的資金も投入された。小渕総理が急病で倒れた（2000年4月）後を継いだ森喜朗首相も積極財政路線を継承し、2000年10月には11兆円規模の「日本新生のための新発展政策」を決定している。こうした巨額の財政支出が平成金融恐慌後の経済の落ち込みを和らげるうえで効果があった。もっとも、より有効な財政資金の使い道があったとすれば、それは公的資金の早期注入だったろう。平成ストック調整の過程で広がった信用不安を大きくしたのは資金注入の遅れだったが、信用不安を収めたのも資金注入の実施だった。

一方金融政策を見ると、1990年に6・0％まで引き上げられた公定歩合は、91年7月からは引き下げに転じ、99年2月には事実上のゼロ金利へと向かった。2000年8月にはゼロ金利が解除され、小幅の金利引き上げが実施された（無担保コールレートの誘導目標を0・25％前後に引き上げ）が、その後米国におけるITバブル崩壊の影響を受けて景気が悪化したため、01年3月再びゼロ金利への金利引き下げが実施されるとともに量的緩和政策が導入された。政府の反対を押し切ってのゼロ金利解除だっただけに、その後何かにつけて批判されることが多かったが、金利修正の幅や期間を冷静に振り返ると、ゼロ金利解除が当時の経済停滞を長引かせる要因になったとは考えにくい。むしろ戦前厳しい不況を経験した1920年代でも公定歩合が5・0%を下回ることはなかった事実と比較すると、すでに2001年3月の時点でゼロ金利と量的金融緩和という異次元の金融緩和が実現し、景気を下支えする役割を果たしていたと考えられる。

財政金融面からの手厚いサポートによって信用不安が後退するとともに、企業レベルでの過剰処理が進捗したことによって、上述のように2002〜03年にかけて資産価格の下落がほぼ止まった。長いストック調整が一応収束したのである。

もう一つの疑問点は、停滞の原因をなしたのは平成ストック調整だけだったのだろうか、ということである。この点については、第2章から5章にかけて説明してきた通りである。1990年代後半以降、国内面では、人口減少社会が迫っていた。国外面をみると、米国でIT革命が進み、東アジアでは韓国、中国などの新興国が猛烈に日本を追い上げてきていた。日本企業は、文字通り内憂外患という環境の中で苦闘を余儀なくされた。わが国の停滞が長引いたのは、停滞の要因が、入れ替わりながらいくつもわが国を襲ったからだったのである。

注1　「不良債権問題の基本的な考え方」日本銀行2002年10月11日

注2　銀行貸出の計数は、利用できる統計の制約上、平成金融恐慌時は年平残ベースで、一方昭和金融恐慌時は年末残ベースなので、厳密には同じ基準の比較ではない。

第10章

デジタル敗戦――必要な第2の文明開化

本書では、わが国の長期停滞には、バブル崩壊後のストック調整圧力、人口減少に伴う需要減退、中国の台頭による輸入デフレという三つの要因が大きく響いてきたことを説明した。本章では、残されたもう一つの問題、デジタル化の遅れを取り上げよう。デジタル社会では、利用される技術だけでなく、ビジネスモデルも大きく転換したことが特色だ。また日本語や日本的思考法の曖昧さがデジタル化になじみにくい問題点もあった。私には、専門的、技術的な観点から、デジタル社会を分析する力はないから、本章を構成するのは、デジタル利用を通じて得られた私の感想である。

◉ 私のデジタル体験

本章でのデジタル化とは、「情報通信技術の急速な発展とその普及」と定義しよう。その定義は曖昧で包括的過ぎるかもしれないが、デジタル化はそれだけ急速に進展しかつ生活の隅々に浸透した。私は、ネットワークの構築やソフトウェアの開発といったプロジェクトに直接参画した経験がない。プログラミングはできないし、情報技術（IT）に関する専門知識や業界知識もない。私が関わった組織のホームページや業務系デジタルシステムの管理者となった時期はあるが、私の個人的経験としては、デジタル機器・システムの利用者としての時間が圧倒的に長い。デジタルに関する本章の内容は、そうしたデジタル利用者としての限られた経験に基づいて書かれている。以下の内容も、デジタル技術や同関連業界の分析ではなくて、デジタル利用者としてのいわば感想であることを、あらかじめお断りしておきたい。

最初に私のデジタル経験から述べておこう。デジタル技術を多くの人々に開放し、その新時代を切り開いたのは、ウィンドウズ95だろう。それが日本で発売になったのは1995年11月23日（祝日）だ。秋葉原ではファンの熱気を受けて、11月22日から23日に切り替わった深夜0時から販売が始まった。最も熱心な人々は、22日から購入の列に並んで23日への切り替わり直後の深夜に入手した。私の場合、主として野次馬的関心から秋葉原の雰囲気を知りたくて同日に訪れたのだが、それは夜が明けてからだったから、最初に訪れた何軒かの店には「売り切れ」と紙が張り出されていた。しかし在庫を残していた店もあって、私はそこでウィンドウズ95がインストールされているノートブック型パソコン（PC）を1台入手した。それは、私が個人所有した最初のＰＣだ。以来、30年近くＰＣには大変お世話になった。

最初はキーボードを思うように打てず苦労した。デジタル用語の意味も分からず戸惑った。使い始めてしばらくは、スタンドアローン機としてワープロ代わりに利用していたが、自宅でインターネットに接続できるようになって、ＰＣの威力を実感するようになった。自宅でのインターネット接続は、当初電話線を利用したＩＳＤＮ回線から始まり、ＡＤＳＬ回線を経て、新しい光回線まですべて利用した。インターネット接続には自力で取り組んだこともあって、当時は恐ろしく面倒で苦労した記憶が残っている。

◉便利な機能とデータの制約

今回本書作成に当たっても、ＰＣには大変お世話になった。とりわけお世話になったのがマイクロソフト社のエクセルだ。かつて担当者として調査・分析に汗を流していた50年ほど前は、分厚い統計書からデータを一つ一つ拾い出し、手計算とグラフ用紙で図表を作成していた。その頃カシオの新製品となった関数電卓が登場し、複利の年率計算が容易になって一驚したものだが、エクセルの計算能力の拡充はその比ではない。今は、自宅に座ったままで、昼でも夜でも国内でも国外でも、データベースにアクセスし、必要なデータをダウンロードしたうえで一括計算が簡単にできる。ずいぶん昔の話を持ち出して恐縮だが、私の場合、図表作成にかかる生産性は、格段に向上した。デジタルの利便性を身近に感じるようになって、充実した使いやすいデータベースを持つ国とそうでない国、エクセルを使いこなせる人とこなせない人の差を痛感した。

その関連で付言すると、国連、IMF等国際機関のデータベースは実に使いやすくできているのに対し、日本の統計は、目的のデータベースまでたどり着くのに苦労することが多かった。また長期時系列指標の接続が不十分で、基準が変更されるたびに統計が寸断されていることが多い。私は、前記の通りデジタル化に取り組んだ実務経験はないが、国際決済銀行（BIS）の国際与信統計やわが国の宿泊旅行統計の創設に取り組んだこともあって、統計の重要性は身に染みて経験している。デジタルで使いやすい長期時系列指標は、歴史に対する理解を深め、長期的視野を涵養するうえで不可欠だ。統計整備は地味な仕事だが、統計は、国の根幹・土台を構築するインフラだ。その充実が強く望まれる。

最近の仕事では、iPhone「メモ」の音声入力を利用して口頭で文章を吹き込み、次にそれをウィンドウズのワードに落として使うようにしている。デジタル機器の音声認識能力はきわめて高くなった。その改善にもAIが活用されているのだろうが、認識能力が日々向上しているように思う。スマホならいつでもどこでも使えるし、変換間違いも少なくなったから、口述筆記というヒトの仕事は駆逐されつつある。ＡＩを駆使するＣｈａｔＧＰＴは、さらにその先を行って、テーマを与えれば、文章を作成してくれる。こうしてデジタル機器は、私のようなデジタル素人の仕事や生活も大きく変えた。

◉ＰＣが壊れた経験

２０２３年のことだが、５年ほど使っていたＰＣが突然故障して立ち上がらなくなった。街の修理店に持ち込んで何とか修復できたが、故障を機に新しいＰＣも購入した。機器の操作心臓部分であるＯＳ（オペレーティングシステム）も遅ればせながら最新のウィンドウズ11としたので、故障とその後の新型ＰＣ利用を経験して感じたことを記してみたい。

一つは、生活の重要部分が圧倒的にＰＣに依存していることだ。ＰＣが機能しなくなると、必要な情報交換も、リモート会議も、買い物もできなくなる。保存していた大量の記録も失われる。スマホでは限界があるうえ、バックアップが不十分だったこともあって、故障したときはパニックに陥った。数日ＰＣのない生活を味わって、改めてＰＣ依存の高まりを実感せざるを得なかった。

もう一つ感じたのは、プラットフォーマーによる顧客囲い込みの動きが強まっていることだ。

ウィンドウズの主要ソフトであるオフィスも最新バージョンを導入したが、従来の買い切り方式から定期課金方式のマイクロソフト365への変更を勧奨する仕組みが随所に挿入されている。また自分のファイルがワンドライブというクラウドストレージに自動的にアップされる設定となっていて、そのストレージは共同作業にもバックアップにも使えて便利な反面、格納容量の増大は有料で、マイクロソフトへの依存が一段と増大する。他社の各種ソフトでも、囲い込みと定期課金方式による利用継続を強制する姿勢が強まっていて、対応にはうんざりさせられることが多い。実際私たちは、PCを通じて監視され、誘惑され、収奪されている。その傾向は一段と強まった。

プラットフォーマーの肥大化やAIの発展に対しては、規制を求める声も強く、私自身商業主義の強まりには辟易することもあるが、技術の進歩は不可逆的だ。デジタルの進歩はやまず、私たちのデジタル依存は高まり続けるだろう。デジタルディバイドという語は、これまで個人間の格差拡大要因として使われていたが、今や企業間でも国家間でも、格差拡大の重要な要因となった。デジタルを活用できるヒト・企業・国とそうでないヒト・企業・国との差はますます開いていくだろう。生成AIの急速な普及もあって、私たちが今向かっているのは混沌の世界だ。それがどのような世界になるにせよ、その世界では、デジタル技術を制する者が主役となる。PCが壊れて、そんな確信が強まった。

◉ デジタル社会のビジネスモデル

デジタル機器・システムの利用を通じて私が感じるその大きな特色は、それがもともと将来修正を加えることを前提に提供されていることだ。デジタル機器に不具合はつきものだ。デジタル機器は、機器そのものあるいはそのOSに欠陥があって正常に作動しない、他の機器・ソフトとの接続・共用ができない、セキュリティ対策が十分でない、などといった不具合を時々起こすが、その不具合が致命的なものでない限り、機器に組み込まれているOSの更新やファームアップというかたちで修理・修正を加え、改善しながら使っていくことが前提とされている。また光回線の場合、その伝送速度が100Mbpsなどとうたわれていても、それは最高水準の場合であって、現実にはそれ以下であることが想定されかつ許容されている。メモリ、SSDなどの機能、容量についても、表示されている性能よりは、実性能が低いのが通常だ。

デジタル以前のアナログ工業製品は、完璧であることを前提に製造・販売されてきた。少しでも不具合があったり、仕様書通りの性能が発揮されなかったりすると、製品そのものが欠陥商品とされて、回収や交換が求められることが多かった。その基準でデジタル製品を評価すれば、現在のデジタル機器・システムの多くは、不完全、未完成となり、試作品あるいはプロトタイプと呼ぶべきものなのかもしれない。ところがデジタル機器・システムの場合には、その不具合が致命的でない限り、修理しながら使うことが前提とされている。それがアナログ製品と異なるのは、それ自身の中に修理・改良機能が埋め込まれていることだ。仮に、完璧でない場合には機器そのものの回収や交換が必要とされていたら、デジタル関連企業の多くは倒産していただろう。新興企業の成長も大きな制約を受けていたに違いない。売る方も買う方も、もともと当該機器・システムが完全ではないという前提で対応するようになって、デジタル化が急速に進展した。

もう一つの特色は、その修正や改善にあたって、広く利用者からの情報を活用していることだ。グーグルの検索機能を利用して情報を得たり、解決策を探ったりすることを「ググる」と称しているが、「ググる」ことで問題の所在が確認され、共有される。しかも何か問題が発見されると、システム参加者自身が自分の知識や経験を自発的に提供して、問題の解決に尽力している。デジタルコミュニティの中で自発的、自律的に問題が特定され、解決策が提案されるシステムとなっていることもデジタルの特性だ。

「将来修正することを前提として機器・システムを提供し、問題が発見されたらデジタルコミュニティの知識や経験を集めて解決を図る」のは、デジタル社会で確立された重要なビジネスモデルだ。そうなったのは、デジタル社会での技術進歩が急速なため、どのような問題が発生するか、あらかじめ把握しにくいことが一因だが、問題が発生した場合、人々の自発性を発揮させてその解決を図るようにしたのは偉大な発明というべきだろう。そのビジネスモデルは、かつての大量生産方式や割賦販売といったビジネス上の変革に匹敵するあるいはそれらを上回る重要な発明だ。デジタルプラットフォーマーは、システムの利用者を通じて問題を発見し、利用者の知識や経験を（多くの場合無償で）結集してシステムの改善を図っている。プラットフォーマーの高収益は、このビジネスモデルに負うところが大きいはずである。

◉ビジネスモデルの転換と日本製造業

こうしたデジタル社会のビジネスモデルは、わが国のモノづくりあるいは商行為を支えてきた「律儀さ」を破壊する毒を内包していたことは認識されるべきだろう。日本のアナログ工業製品は、故障が少ないことによって世界中の消費者の信頼を獲得し大きく発展した。日本の製造業自体、完璧な製品づくりを目指してきた。しかしデジタル製品の場合、「多少の欠陥は直しながら使えばいいじゃないか」と製品の品質を判断する基準を変えた。より重要になったのは進化とそのスピードだ。故障がないことよりも進化の早いことの方が重要になったのは、デジタルのビジネスモデルから派生する革命的な転換だ。その転換は米国から始まり世界に広がったが、完璧な製品づくりを目指してきたわが国製造業は、デジタル時代のビジネスモデルや製品判断基準の転換に後れをとった。それが、わが国のデジタル化が遅れた要因の一つだったように思われる。

デジタル機器・システムの提供者は、何を優先するかを自ら考える必要がある。完璧な製品というよりは、不具合があったときに修理・修正が容易な機器・システムの方が重要だ。しかし、そうした対応が進むにつれて、利用者は使用するデジタル機器・システムが欠陥品かどうか、そもそもどこまでその製品の機能を要求できるのか、混乱することが多くなった。急速なデジタル化は、デジタル機器・システムの欠陥とは何か、その提供者の責任はどこまで追及できるのか、という新たな問題を提起している。

◉乏しかったデジタル化ニーズ

江戸末期、泰平の夢を破ったのは黒船だったが、技術先進国という現代わが国のイメージを打ち砕いたのはコロナ禍だったと言えそうだ。コロナ禍を契機にして、わが国のデジタル化の遅れが鮮明になった。技術先進国というイメージは、いつの間にか幻想となっていたのだ。失われた30年をもたらした種々の要因はこれまでに説明してきたが、デジタル化に遅れたことも、わが国経済停滞の重要な一因だ。

本章の冒頭、デジタル化の定義が曖昧だったが、本節でのデジタル化とは、家庭によるＩＴ機器・システムの利用、企業・行政では、既存業務のＩＴ化、デジタル技術の活用によるビジネスモデル・組織の根本変革（ＤＸ）まで含む広義の概念だ。わが国は、広範な分野で世界のデジタル化に後れを取ってしまったが、特にコロナ禍対応の国際比較で対応の遅れが目立ったのが行政だ。行政では、その反省に立ってデジタル庁を発足（２０２１年９月）させたものの、マイナンバーカードの普及が遅れているうえ、省庁横断的なＤＸの姿が見えていない。民間でも、現行システム維持で手いっぱいの企業や、デジタル機器に不慣れな家庭がなお少なくない。

わが国でデジタル化が遅れた背景を考えると、国民的ニーズの乏しいことが大きく響いているように思われる。それはとりわけ行政のデジタル化で顕著だ。何か必要があって役所に行けば、アナログで具体的手続きや申請書の書き方まで教えてくれる。かつて行政の対応は高圧的と不評を買っていた時代もあったが、今や、多くの窓口で対応は親切丁寧となった。特に地方自治体では、文字通り手取り足取りで教えてくれる部署が少なくない。役所に行けない時は、電話で聞けばよい。申請者本人にとっては、慣れないＰＣでタイプを打つよりはるかに簡便だ。デジタルリテラシーの低い人に合わせて行政サービスが提供されていて、デジタル化のメリットが見えないから、プライバシーの侵害や所得の捕捉を懸念する人々がマイナンバーを敬遠しても痛みはない。

健康保険証をマイナンバーカードに代替させる対応が遅れているのも、今の保険証で十分と感じている国民が多いからだろう。カード利用に対する国民的ニーズが乏しいのである。今話題の中銀デジタル通貨を考えても、日本の現金は、世界で最もきれいで偽札も少ない。釣銭をごまかされたり、強盗に襲われたりする懸念も少ないから、多くの国民にとって現金は一番使い勝手が良いはずだ。偽造や強盗を懸念しなければならない他の多くの国々と違って、デジタル通貨に対する国民的ニーズは相対的に乏しいと考えられるのだ。

単純化すれば、わが国は、アナログで安全・安心・便利・快適な社会を作り上げてきた。世界を見渡せば、そうした国はきわめてまれだ。不便・不満を感じる人が少ないから、デジタル化に対する切実なニーズも生まれてこない。背景には、根本的な変革よりは手近な改善を考える、落ちこぼれをつくらない、労を惜しまない、サービスは親切であり無償である、といった国の文化あるいは国民感情がある。そこでのサービスは、世界基準から見れば過剰になりがちだ。そしてその傾向は民間部門でも強い。過剰サービスの行き渡る安全・安心・便利・快適なアナログ社会。それが、わが国をデジタル後進国化する根底にある。

◉リーダーシップの欠如

強いリーダーシップが欠けていることも、デジタル化を遅れさせる要因だ。行政のデジタル化を考えてみよう。例えば住所変更の事例を取り上げると、住民票、印鑑証明書、運転免許証、車庫証明、車検証、健康保険、年金、退職金共済、学校関連届け出等行政に関連する多くの住所変更手続きが発生する。仮にマイナンバーカードの住所変更手続き1回でこれらの事務処理が完了すれば、国民の負担は大きく減少する。情報の共有と手続きの共通化を進め、過剰なサービスを見直せば、行政組織の簡素化・スリム化にも役立つだろう。

本来行政のデジタル化には、行政組織のスリム化という視点が不可欠だ。それによって足りない部門の充実を図る。納税負担を含む国民負担を抑制する。そうした目的や効用を具体的に示せれば、国民の支持も増えるだろう。しかし行政組織の内部では、仕事を変えることへの抵抗や仕事を失うことへの懸念が高まるかもしれない。縦割り行政に慣れた実務部門ほど仕事の変革に対する抵抗感が強いのが通常だから、下から積み上げる日本の稟議形式では、行政組織の根本変革となるＤＸは進まない。実際これまでに実現した行政のデジタル化では、既往業務の進め方そのものには手をつけず、関連書類のＩＴ化にとどまっていることが多い。

行政のＤＸ推進にはトップのリーダーシップが不可欠だが、政治的にも、行政内部の抵抗や懸念を乗り越える推進力が生まれなかった。行政に対し過剰な無謬性を求め、何かにつけて政府批判を展開するマスコミの対応もデジタル化を遅らせている。マイナンバーカードで誤登録が相次いだ際も、批判の勢いだけが強く、デジタル化の重要性に対する視点が失われがちだった。現状に大きな不満がなく危機意識の乏しい国ほど、デジタル化推進への抵抗は大きくなりがちだ。政治、行政、国民それぞれの思惑と、摩擦を避ける微温的対応が行政のデジタル化を妨げていたのである。

デジタル化に遅れたのは行政だけではない。民間でも昔ながらの営業推進やコスト削減にこだわり、デジタル化に関心の乏しい役職者がなお少なくない。1990年代後半以降金融システム不安と厳しい停滞の中で育った人材の多くは、過剰のそぎ落としやコストカットは得意でも、リスクをとって思い切ったデジタル化に踏み出す意欲を持ちにくかった。アナログに安住している会社では、デジタル化への推進力も下からは上がってこないだろう。デジタル化の推進には、トップのリーダーシップが決定的に重要だ。いつの時代にもトップの役割は重要だが、デジタル化は、それがもたらす変革の規模が大きくスピードが速いだけに、トップの資質を一段と問うようになったのだ。行政であれ、民間であれ、これからのリーダーたちには、最低限のデジタル知識、明確な構想力と批判にたじろがない胆力が必要だ。

◉曖昧な日本語

デジタル利用者としての限られた経験からだが、日本語あるいはもう少し広く日本文化が、デジタル化を阻む一因になっているようにも感じられる。欧米では、タイプライター利用の歴史が長い。その歴史と比べると、タイプライターが生活の一部になっていなかったわが国は、デジタル化の最初から不利だった。しかしそうした歴史の背景を探ると、そもそも日本語がタイプライターの利用に適さない、ひいてはデジタル化しにくい言語と思う。

英文タイプの場合、アルファベット26文字ですべての言葉が形成される。大文字小文字2種類だけだから、全部で52文字だ。一方日本語は、ひらがなで46文字、それに濁音、半濁音、小さな文字となる「ゃ、ゅ、ょ、っ」などが加わる。ひらがなだけではなくてカタカナでも同じ数の文字がある。漢字はほとんど無限だ。時々はアルファベットが入る。しかも全角、半角という違いがある。読むのは楽だが、文章にするまでが大変だ。ローマ字で入力して変換し、変換間違いを正しながら文章化するのが通常だが、この一連の作業は、例えば英語に比べ、デジタル化を進めるうえでかなりのハンディだ。

固有名詞の地名、人名も複雑だ。例えば「美ヶ原」。小さなカタカナの「ヶ」を「が」と読ませているが、大きな「ケ」を使った美ケ原、発音通りの美が原、美ガ原と書く人も少なくない。

この4通りの表記は、アナログの日本語ではすべて同一の対象を指しているが、デジタル機器ではそれぞれ異なる対象と受け止める。苗字でも斉藤は、斉藤、斎藤、齊藤といろいろあるし、沢も沢、澤と分かれている。ふりがなも厄介だ。田は、「た」と「だ」と2通り、原は「はら」、「ばら」、「ぱら」、「わら」と4通りあって、それぞれにこだわりのある人々がいる。年号も、和暦と西暦があって、人々がそれぞれの好みで使い分けている。マイナンバーの誤登録は大騒ぎになったが、日本語の地名や氏名、ふりがなや年号表記の複雑さを勘案すると、正確さを期せば期すほど、登録には多大なエネルギーが必要だ。マイナンバーの登録要件を一つ増やすだけでもシステム上大きな負担がかかるだろう。ＡＩの発達は、いずれこうした複雑さを簡単に乗り越えてくれるのかもしれないが、これまでのところでは、日本語という言葉そのものがデジタル化に適していないように思われる。

◉必要な第2の文明開化

日本的思考法もデジタル化になじみにくい面がある。デジタル製品・システムの特色は、曖昧さのないことだろう。デジタルは、厳格に定められた一定の手続きを通じて初めて機能する。漠然とした指示では動かないし、熱意や情にほだされることもない。明確な原則と論理で構築されていて、曖昧さを排除する思考法をデジタル的思考とすれば、日本社会の底流にある思考法はその対極だ。例えばデジタルは、0と1の二択で構成されている。英語の論理もイエス、ノーという二択で組み立てられていて、デジタルとの相性が良いが、日本の思考様式では、イエスでもないがノーでもない、あるいはイエスでもありノーでもあるというグレーゾーンがあって、曖昧さを許容してきた。日本という国の読み方自体、「にほん」でも「にっぽん」でも間違いではない。しかしそうした曖昧さは、デジタルでは処理しにくい問題だ。

日本人は、多くの場合原則や論理より熱意や情を大事にしてきたという文化的側面もデジタル化になじみにくい要因だ。「そこを何とか」という日本語は、論理を超越したお願いだが、英語になりにくい。同様にデジタル機器にも通じない。デジタル機器に「そこを何とか」といくら頼んでも、デジタル機器はびくともしないのだ。重要な決定でも、原則を曖昧にしたまま場の空気や人々の感情を重視することが多かった。以心伝心、空気を読むことで育った職業人は少なくない。逆にシステム育ちの人材は、融通が利かないと敬遠されがちだった。組織のデジタル的大変革を推進するには、ＩＴの手前で原則の明確化と論理の構築が不可欠だが、それが苦手な経営者が多い。デジタル的思考になじめない人の多いことも、わが国のデジタル化を遅れさせた要因だ。

日本の近代化は明治の文明開化で始まり、高度成長期の工業技術水準は世界一に達したが、世界のデジタル化に遅れたのは、原則を曖昧にしたまま熱意や情で問題を乗り切ろうとする日本的対応がデジタルには通じないことが一因だ。デジタルは、日本の底流にある思考法を駆逐しつつあるとも言えるだろう。その意味で、デジタル化は文明開化以上のインパクトをわが国社会に与えつつある。このように考えてくると、デジタル化への適応には、デジタルリテラシーを高めるだけでは不十分だ。私たち一人一人が、原則を明確にし、わかりやすい論理の積み重ねで説明するデジタル的思考を身につけなければいけない。それは、言わば第2の文明開化だ。それへの挑戦がデジタル化推進のカギである。

終章

歴史を振り返って――時代の分水嶺

本書の終章として、ここではまず、第1章「異次元緩和」で、宿題として提起された問題点について、これまでの検証結果をまとめてみよう。序章のタイトルは「停滞は克服されたのか」だったから、その問題についても触れなければならないだろう。1990年代以降、国内では、バブルの崩壊、金融恐慌、大地震、少子高齢化・人口減少と、多くの困難が表面化した。世界では、中国をはじめとする新興国が台頭するとともに、デジタル技術が急速に発達し、生活の隅々に浸透した。わが国にとって困難と混乱の連続であったその時代を今振り返ると、時代を動かした萌芽は早い時期に表れていたことに気づく。時代の分水嶺となった時期があったとすれば、それは1995年だった。

◉長期停滞の背景

異次元緩和が残した宿題の第1は、「デフレ的停滞の原因は何だったのか」だが、90年代以降の停滞のうち前半の停滞は、バブルの崩壊によってもたらされた。地価・株価という資産価格の暴落によってバランスシート問題が大きくなり、金融機関が抱え込んだ不良資産問題への対応が進まないまま、平成金融恐慌が発生した。この間の調整は、平成ストック調整と称すべき長期のストック調整だったが、大銀行中心の調整となったことや、それ以前の製造業中心の調整と違ってミクロの調整がマクロの調整を遅らせる結果となったことなどから、戦後初めての厳しい停滞となった。

2002年ストック調整圧力がようやく後退し、いざなみ景気と呼ばれた戦後最長の景気回復が始まったが、このころから新たな停滞圧力が表面化してきた。それは長期停滞の後半に影響力を強めた圧力だが、国内的には人口減少だ。1995年、生産年齢人口がピークを打って減少に転じ、国内需要を基調的に減少させるとともに潜在成長率の伸びを抑制する要因となった。国際的な要因としては、中国の台頭とデジタル社会の到来が挙げられる。中国は製造業中心に急速に技術力を高め、世界市場で日本のシェアを奪いながら大きく成長したから、日本は、輸出価格の大幅下落と欧米向け輸出の伸び悩みに苦しんだ。国内にも安価な中国工業製品が大量に流入し、既存の国内企業を駆逐するとともに国内物価を下押しする要因となった。それは、中国からの輸入デフレあるいは中国によるデフレ輸出と称すべき現象だった。

日本は、世界のデジタル化に乗り遅れて、産業の大きな発展力を高めることができなかった。また急速に進んだデジタル化の中で、インターネット通販を通じて低価格重視の風潮が強まったことも、デフレ的停滞の一因となった。国内物価の下落あるいは低迷の多くは、国内経済停滞の結果として生まれ、また一部は国外から輸入デフレとして持ち込まれたものだったのである。

◉物価目標と為替相場

「物価目標と為替相場の関係」も異次元緩和からの宿題だ。両者の関係を考えると、国債の取り扱いも考慮しないわけにはいかなくなる。ここではその3者の関係を考えよう。異次元緩和では、そのスタートの時点から曖昧にされてきた問題があった。それは、2%の物価目標が達成された後の金利のあり方だ。当時としては、2%物価目標の達成が最優先課題、そのために使える手段を総動員し、それ以外の問題への対応は、物価目標達成が視野に入ってから考えるという判断でスタートしたとみられるものの、物価目標は輸入物価の上昇という意図しない要因で達成されてしまった。

賃金が十分回復する前に物価が上昇してしまったため、実質賃金は下落して景気は失速するリスクが高まった。日銀では、当初景気失速のリスクを避け、また賃金・物価の好循環を実現するためにも、低金利を維持する必要がある、と判断したのだろう。しかし低金利を維持している間には、物価上昇によって国内預金の実質目減りは確実に進む。それを嫌った一部預金者は、国内定期預金を取り崩して高金利の外国債券買いに走った。その動きに呼応して投機筋も円売りに拍車をかけたから、急速な円安となって、円防衛的な金利の引き上げと介入につながった。日銀は、景気は維持したい、しかし急速な円安は避けたい、という判断から金利の小幅引き上げに追い込まれたかたちだが、それが金利の上昇懸念を生んで、2024年夏の株価暴落につながった。

24年9月現在、為替相場は米国金利見通しに左右される展開で、株価は気迷い状態だが、潜在的なマグマは膨らんだままだ。マグマの一つは、国内預金の実質目減りが続いていることだ。2%の物価上昇は、国内預金保有者に「何とかしなければ」という焦燥感を与え続けている。その焦燥感は、名目金利が物価上昇率に見合う水準まで上昇しない限り、圧力として残り続け、何かのきっかけがあれば動き出すだろう。取り崩される円預金が外国通貨に向かえば、強力な円安圧力となる。

もう一つのマグマは、日本の国債金利だ。これまで長期金利の上昇が抑えられてきたのは、物価の上昇があっても、それは一時的でいずれ落ち着くだろうという見通しが強かったからだ。しかし2%の物価上昇が定着するというのは、国民の多くが2%の物価上昇が続くと予想することだ。そのとき長期金利は現在のように安定した状況でいる保障はない。長期金利は、物価上昇率になにがしかのリスク・プレミアムを加えて、2%を上回っていく可能性が高く、その場合には、財政の金利支払い負担がぜん高まるだろう。金利全般を無理に抑制しようとすれば、円安リスクが高まるし、短期金利を上げる一方長期金利を抑制すれば、短期調達・長期運用で稼いでいる金融機関経営が苦しくなる。つまり2%の物価上昇定着は、どこかでひずみあるいは副作用を生み出す可能性が高いのである。

不況になった際の「のりしろ」として金利の下落余地を確保しておくためにも、物価の上昇が必要だというのりしろ論もある。金利ののりしろ確保は、それができるのであれば望ましいと私も思うが、今の日本経済は、どの程度の金利上昇に耐えられるだろうか、という別の懸念がある。人口減少の進行で懐の浅い経済となっているから、財政の金利負担が高まるだけでなく、民間企業とりわけ中小企業の余裕も乏しいかもしれない。のりしろが経済を窒息させては本末転倒だ。

◉2％物価目標再考

以上可能性をあれこれ考えると、適正金利の見極めはむずかしい。手探りで対応するしか手立てがないように思われるが、改めて浮かぶのは、2％の物価上昇目標は本当に適切なのだろうか、という素朴な疑問である。よく言われることだが、もともと2％に理論的根拠があったわけではない。デフレが諸悪の根源という誤った認識から2％目標が生まれたのだ。これを1％に引き下げると、対応にもゆとりが生じるだろう。仮に物価上昇率1％、賃金上昇率2％を目指すとすれば、それぞれ2％、3％の場合に比べ、持続可能性ははるかに高まるだろう。また第8章の〈バブル予防と金融政策〉でも指摘したが、物価上昇率2％に固執すると、予期しないバブルが発生するリスクもある。

私は日常的にスーパーに買い物に行くが、値札を凝視しながら品物を選択している消費者、とりわけ高齢者が少なくない。物価上昇が脅威となっている生活を実感するのだ。「物価の安定を図ることを通じて国民経済の健全な発展に資する」とされている日銀の役割は重い。私としては、議論を尽くして1％程度にバーを下げることを提案したいが、それが無理なら、少なくとも柔軟な政策運営の余地を広げていくことが必要だ。物価上昇率2％と1％の差は大きいのである。

◉停滞は克服されたのか

ここで、序章の問題意識に戻ることにしよう。停滞は克服されたのだろうか。国内事情を見ると、前記のように混乱の種は潜在的にくすぶっている。マクロ経済政策のベクトルも景気優先か、物価上昇抑制に軸足が移るのか判然としない。何よりも、これからの適正な金利が見通しにくい。政策スタンスが不明瞭で、市場が混乱するリスクが相変わらず小さくないことを考えれば、停滞が克服されたとは言えないだろう。

しかし国際環境を見ると、欧米先進国を中心に、経済安全保障への配慮が大きくなるとともに、中国のデフレ輸出に対する警戒感が高まった。これは中国を中心としたモノづくりサプライチェーンの構築が世界を席巻した2020年までの動きを見直す新たな潮流だ。中国の人件費も急速に上昇して、日中の人件費格差もかつてのような極端な差はなくなった。わが国のデジタル対応についても、全体的な底上げは進んでいるのではないだろうか。こうした環境面の変化を踏まえれば、日本企業が巻き返しを図る客観的な条件が整ってきた、と言えそうだ。日本企業の多くは、スリム化を進めた結果、収益力を向上させている。中国企業がわが国経済停滞の主因であったことを明確に認識できれば、企業戦略も改善されてくるだろう。これからは、日中本当の競争だ。停滞が克服されたとは断言できないけれど、状況は改善している。

国内で残る問題は人口減少だ。今後の数十年は人口減少が続く。問題となるのは移民の受け入れだが、第5章の〈移民受け入れ〉の記述では、明快な結論は導けなかった。移民受け入れ国では、社会的な緊張感が高まりがちだ。経済論理だけでは結論を出しにくいのだ。結局、移民受け入れ問題への対応は、国民の移民受容力というべきものの高まりと併せて検討すべき課題のように思われる。曖昧な表現になるが、社会の反応を確認しながら、漸進的に進めることが必要だ。人口減少を与件として、それが大きな障害とならないよう、対応を探ることにならざるを得ないように思う。

以上のように取りまとめてくると、状況は改善されたものの、停滞は克服されたわけではない。第3章の〈いざなみ景気再考〉で、私は、過去の実績を踏まえ「経済の持続的成長には政治の安定が重要だ」と記述した。国際的には、米国をはじめとして多くの国でゆとりが乏しくなり、自国中心の対応が広がる傾向が強まっている。それだけに国内政治の安定が重要だ。安定した政権の下で、日本企業が国際競争力の再構築に集中できる環境が整うことが望まれる。不確実性として大きいのは、マクロ経済政策のスタンスだ。国内事情を優先して政策のスタンスが不安定になると、本格的な円防衛に追い込まれるリスクは小さくない。政治も経済も安定感が必要だ。

◉回想1995年

失われた30年と言われた困難な時代を今改めて振り返ると、経済停滞をもたらした問題の多くが、1995年には集中して発生していたことに気がつく。95年は、それまで上り坂を続けてきた日本経済が、下り坂に転じた大きな分水嶺だった。本書の最後に、95年当時を振り返ってみよう。

95年という年は、バブルの崩壊後悪化を続けた金融機関経営が、破綻というかたちで表面化し始めた年だった。94年12月には、東京協和・安全両信組が破綻し、その処理のために95年1月、東京共同銀行が設立された。住宅金融専門会社（住専）も、不動産価格の大幅下落で貸出金が回収できず、95年には、資金繰りに行き詰った結果、住専向けに融資を実行していた金融機関の間で、発生した損失の分担をめぐる対立が政治問題化した。同年7月にはコスモ信組、8月には兵庫銀行、木津信組がそれぞれ破綻した。預金者が、そうした破綻は、例外的な金融機関の事件と考えて良いのかどうか、疑問を抱かざるを得ない状況となり始めていた。

経営悪化は、住専のようないわゆるノンバンクや中小金融機関だけの問題にとどまらなかった。当時、都市銀行（都銀）と呼ばれた大銀行の一角を占めていた銀行にも、大規模な損失のあることが漏れ出していた。95年9月には、大和銀行ニューヨーク支店における11億ドルの損失と、大蔵省（当時）による米国当局への通告遅れが発覚し、大和銀行に対する米国撤退命令（11月）につながった。2年後に発生した平成金融恐慌の芽は、すでに95年には表面化し始めていた。国にとっても金融機関にとっても、明らかに危機が迫っていた。

◉人口減少社会の出現

90年代という時代は、バブルの崩壊から始まったが、その時代が経験したのは、しかし、バブルの崩壊だけではなかった。経済には、循環的な問題と、構造的な問題がある。循環問題は、行き過ぎとその反動によってもたらされる問題で、バブルの崩壊はその典型だ。一方構造問題とは、行き過ぎの反動ではなく、かつ一過性でない問題だ。日本では、少子高齢化・人口減少問題がそれに該当する。90年代では、循環問題であるバブルの崩壊と、構造問題である人口問題がほぼ同時に進行した。いずれも景気を悪化させる要因となったが、それぞれ戦後初めての経験で、かつほぼ同時に進行したことで、日本の混乱は増幅され、景気回復への重い足かせとなった。

95年に実施された国勢調査では、生産年齢人口（15歳以上64歳以下）と呼ばれるいわば現役世代の人口が、ピークを打った。わが国の生産年齢人口は、戦後一貫して増加を続けてきたが、

95年に8716万人でピークとなり、2000年には8622万人と、この間94万人の減少となった。現役世代人口は、年齢別人口構成の中で最も大きなウェイトを占めているだけでなく、平均的に見れば、最も生産・消費活動の活発な年齢層だが、その現役世代人口がピークを迎え、減少に転じたのだ。生産年齢人口の減少は、食料や酒類だけでなく、広く消費需要を落として慢性的な需要不足経済をもたらした。わが国は、すでに1995年の時点で、人口減少社会と実質的に向き合い始めていた。

◉問われた危機管理能力

90年代は、また国の危機管理能力が問われた時代でもあった。とりわけ95年は、そうだった。1月には、阪神・淡路大震災が、また3月には、東京地下鉄サリン事件が、相次いで発生した。阪神・淡路大震災では、6400人が死亡し、負傷者は4万人を超えた。無差別の同時多発テロとなった地下鉄サリン事件では、乗客・駅員ら14人が死亡し、6300人が負傷した。その発生当初は、被害の規模や原因がよくわからず、政府の対応が後手に回るとともに、無防備な都市の姿が明らかになった。二つの事件は、国の危機管理のあり方という共通の問題を浮き彫りにした。

政治面では、日本社会党、自由民主党、新党さきがけ3党連立による村山富市内閣が、94年6月に発足していたが、ソビエト連邦の崩壊によってその失敗が歴史的に実証された社会主義を掲げる党の領袖を首相にかつぐ変則政権だった。平和主義に徹し、国の危機が発生しないことを、いわば信仰していた党が、わが国の指導的立場にあったまさにそのとき、危機は発生した。政治的な混迷が続いていて、新しい時代への対応は見えなかった。しかし、自然もテロリストも、待ってはくれなかった。混迷の中で、阪神・淡路大震災と地下鉄サリン事件が発生し、90年代の閉塞感を一段と深いものにした。

◉デジタル社会の到来

95年11月23日、ウィンドウズ95が日本でも発売され、熱狂をもって迎えられた。それまでのコンピュータは、基本的に業務用として使われていたが、ウィンドウズ95は、一般家庭で利用できるPCの基本ソフトとして登場し、PCとインターネットを爆発的に普及させた。ウィンドウズ95は、デジタル社会の大衆化を告げる新時代の号砲だった。それは、後のSNSの発展・普及と相まって、大衆的デジタル社会あるいはデジタル大衆化社会と称すべき社会を作り出し、世界を一変させた。IT革命と呼ばれるようになった経済の大きな地殻変動が日本にも押し寄せ、この面での米国の圧倒的優位が確立されつつあった。

◉時代の分水嶺になった1995年

90年代前半、バブルが崩壊して経済停滞が始まったとき、人々の多くは、反動が来たことを実感したものの、時間とともに解消するだろうと考えた。それまでは、状況の悪いときには、人々は待てば良かった。95年に至って、日本人は、それが時間をかけさえすれば元のように良くなるたぐいの問題ではないことに気づかなければいけなかった。

わが国の信用システムはほころび始めていた。生産年齢人口の減少は国内需要を日々縮小させていた。人口減少社会の到来は間近だった。国も企業も危機管理能力の強化になお本腰が入らなかった。IT革命は日本の電機業界に致命的な一撃を与え、その後進展したデジタル・トランスフォーメーション（DX）は、日本社会をデジタル後進国に追いやった。日本の高度成長をもたらした製造業は、アジア諸国からの猛烈な追撃を受けていた。

90年代の日本は、循環的な反動不況であったバブルの崩壊と、その行き着いた平成金融恐慌に苦しんだが、同時に実質的な人口減少がもたらす需要不足や潜在成長率の低下という構造問題にも直面していた。今振り返ってみれば、日本では、これまでとは違う国の衰弱が見え始めていた。その後の停滞をもたらした主要な要因が、いくつも膨らみ始めていた。しかもそれらの要因は、底流として漂っていただけではない。すでに表面に現れて、国のあちこちをむしばみ始めていた。とりわけ95年は、90年代のちょうど半ばにあって、90年代の問題が象徴的に集中した年だった。その意味で、この年は、戦後上昇してきた日本経済が、大きな下降へと転換した分水嶺だった。

95年に見えていた問題への対応が十分に進まないまま、わが国は分水嶺から下ってきて、それがわが国の長い停滞となった。振り返れば、高かった分水嶺はまだ見えるけれど、この先の道はよく見えてこない。私たちは今、長い歴史のどの辺にいるのだろうか。本書を書いてもわからないことは相変わらず多いが、停滞の原因は、これまでよりも少し明らかになったかもしれない。それが活きることを期待したい。

あとがき

本書は、私にとって15年ぶりの出版書籍になった。15年前の私は（株）ちばぎん総合研究所の社長として働いていたが、その後職場が移り、実務家として組織のために働く仕事が中心となって、調査・分析の仕事から遠ざかっていた。日本経済への関心が再び膨らんできたのは、勤務というかたちの仕事が終わりを迎えたころからだ。日本経済の停滞に関する書籍はあふれているものの、私には、停滞の原因についてよくわからないことが多かった。同時に、私は、私が職業人として生きた時代をもっと知りたいと思うようになった。

大変ありがたかったのは、時事通信社で発行している「金融財政ビジネス」という専門家向けの雑誌に、連載の機会を与えていただいたことだ。本書は、同誌で２０２３年７月から24年4月まで10回にわたって連載された解説記事とその後の追加解説記事が元になって構成されている。同誌での連載を始めるに当たり、当初私は随想風に時代を回想することを考えていた。しかし書き始めてみると、曖昧な記憶だけに頼っていては、時代の正しい理解に至らないことを感じて、統計データに直接向き合い始め、分析的な仕事に取り組むようになった。私は、まだ20代だった若い頃、日銀調査局の内国調査課産業貿易係（当時）という部署で3年半働いた。

当時統計書の原データを探りながら、何か自分にとって新しい発見があると、地平が広がる感激があって心がときめいたものだが、解説記事を書きながら、私は、何度か当時と同じような気持ちを味わった。

今回、本というかたちで出版できて良かったと思うのは、私の書いた解説記事を読み直して、不十分な点あるいは私自身の理解が足りなかった点などに気づき、それを修正できたことだ。一方、それでもまだどこかに同じような問題点が残っているかもしれないという懸念は残る。本にする原稿を読み返すと、数字の説明が多いことにも気づく。わかりやすく説明したつもりだが、それでももう少し何とかならなかったのかという思いが残る。これらの懸念あるいは思いは、いずれも恥ずかしいことだ。解説、評論、随想、本など何かを書き終えると、私は、その後恥ずかしい思いをすることが多いが、今回もそうだった。

本書執筆の動機を改めて述べると、私は、私の育った時代を私が理解できる範囲で確認したかったのである。本書の対象となったのは、日本が衰退を始めた時期だ。その意味で本書を書くのは心情的には苦しいことが多かった。しかし衰退しているからこそ、その背景を理解したい、書くことによってその理解を伝えたいという気持ちが強まった。日本が隆々発展していれば、私などが時代について本を書くことはなかっただろう。私は、漠然といつか歴史に取り組んでみたいと思っていた。今回歴史に光を当てることなどとてもできなかったけれど、その入り口付近に立てたのかもしれない。そのような気がするだけでも、私は幸せだと思う。
　本書を作成するにあたっては、多くの方々のご指導やご協力をいただいた。「金融財政ビジネス」の犬飼優氏、伊藤一馬氏という2代の編集長には、同誌の誌面を提供していただいた。時事通信出版局の剣持耕士氏、大久保昌彦氏には、編集、校正の仕事をお手伝いしていただいた。本書には数字が多い。歴史的事実も列挙されている。それを一つ一つチェックするのは骨の折れる大変な作業だが、まことにお世話になった。解説記事を書いていた当時、日銀の先輩であり、前記産業貿易係時代の上司でもあった鈴木淑夫氏からは、本書の第2章に相当する部分に着目され「本にして出版してはどうか」と、思いがけないお手紙をいただいた。日銀の先輩、同僚の多くの方々には、日銀時代からこれまで、実にいろいろ教えていただいた。すでに鬼籍に入られた方々も少なくないけれど、ここに改めて感謝申し上げたいと思う。しかし言うまでもないが、本書で書かれている意見に関わること、あるいはもし間違いがあるとすれば、それらはすべての私の責任である。

２０２４年９月

額賀　信

著者紹介

額賀　信（ぬかが・まこと）

評論家

1946年、群馬県生まれ。70年、東京大学法学部卒業、日本銀行入行。英国オックスフォード大学に留学し経済学修士（MPhil取得）。神戸支店長を経て、（株）ちばぎん総合研究所社長・会長、（独）勤労者退職金共済機構理事長を歴任。著書に『よく生きる』『「日本病」からの脱出』『過疎列島の孤独』（以上、時事通信社）、『観光革命』（日刊工業新聞社）、『需要縮小の危機』（NTT出版）など。

円防衛《えんぼうえい》

「失《うしな》われた30年《ねん》」とその先《さき》の危機《きき》

2024年11月14日　初版発行

著　者：額賀 信
発行者：花野井 道郎
発行所：株式会社時事通信出版局
発　売：株式会社時事通信社
〒104-8178　東京都中央区銀座5-15-8
電話03(5565)2155　https://bookpub.jiji.com

本文デザイン・DTP：有限会社マーリンクレイン
装丁・印刷・製本：精文堂印刷株式会社

ISBN978-4-7887-2005-3　C0033　Printed in Japan